Agustín Moreto y Cabaña

De fuera vendrá

Barcelona **2024**
Linkgua-ediciones.com

Créditos

Título original: De fuera vendrá.

© 2024, Red ediciones S.L.

e-mail: info@linkgua.com

Diseño de cubierta: Michel Mallard.

ISBN tapa dura: 978-84-1126-301-6.
ISBN rústica: 978-84-9816-779-5.
ISBN ebook: 978-84-9953-037-6.

Sumario

Brevísima presentación

La vida

Agustín Moreto y Cabaña. (Madrid, 1618-Toledo, 1669). España.
Sus padres eran italianos. Fue capellán del arzobispo de Toledo y tuvo una vida tranquila. Alcanzó una notable popularidad en los siglos XVII y XVII. Escribió comedias de carácter religioso, tradición histórica y costumbres. La edición completa de sus obras se publicó en tres partes en los años 1654, 1676 y 1681.

Personajes

El capitán Lisardo
El alférez Aguirre
Yáñez, vejete
El licenciado Celedón
Don Martín de Herrera
Doña Cecilia Maldonado
Doña Francisca
Margarita, criada
El capitán Maldonado
Chichón, gracioso

Jornada primera

(Salen el capitán Lisardo y el alférez Aguirre rompiendo unos naipes.)

Aguirre	¡Oh, maldita sea el alma que os consiente ruina de la paciencia y el dinero, en átomos al aire echaros quiero!
Lisardo	Aguirre, alférez, ¿vos tan impaciente?
Alférez	Lisardo, capitán, ¿esto os espanta 5 tras de verme perder con furia tanta hoy ducientos escudos con un paje; que no los tuvo todo su linaje, y me gane en dos suertes el sarnoso, lo que yo gané en Flandes a balazos? 10 ¡Por vida del demonio!
Lisardo	Estáis furioso, Con eso habréis salido de embarazos; que vos hasta perderlo no hay teneros, porque sois insufrible con dineros. Con eso estáis en paz.
Alférez	¿Y la piñata, 15 con qué se ha de poner?
Lisardo	Que no os dé pena, que aún tengo una cadena.
Alférez	¿Una cadena? Aunque fuera mayor que una reata; pues, ¿tiene en ella vuestro amor, Macías, para que vos enamoréis dos días? 20

Lisardo	¿Tanto es, Aguirre, lo que yo enamoro?
Alférez	Vos, aunque sus cadenas fueran de oro y las damas pagárades a cuarto, con las del Escurial no tenéis harto.
Lisardo	Y vos, ¿no enamoráis?
Alférez	Yo, hermano mío, 25 no enamoro princesas. Mi terrero hago en tiendas, plazuelas o en el río, donde hallo proporción a mi dinero; porque la más hermosa y entonada no pide más que aloja y limonada. 30 Vos habláis damas de tan alta esfera, que la tercer palabra es la pollera. Si por hombre de manos sois tenido, en dar polleras sois mal entendido; y que arriesgáis el crédito no dudo, 35 porque parecéis pollo, siendo crudo.
Lisardo	Eso, Aguirre, es culpar la bizarría.
Alférez	¿Bizarría llamáis la bobería de desnudaros vos por darlas traje?
Lisardo	Y, ¿es más cordura que os lo gane el paje? 40
Alférez	Dejadme, que os confieso, que si me acuerdo deso, me lleva el diablo en calzas y zapatos de ver que me ganase un lameplatos.

Lisardo	Para ganar no es menester sujeto.	45

Alférez	¡Que no teman las pintas un coleto!
	Mas vienen juntas quince o diez y siete,
	que perderán el miedo a un coselete.

Lisardo	¡Ea! No os aflijáis, que, cuando estemos	
	sin dinero, a la carta apelaremos	50
	que nos dio el capitán Luis Maldonado	
	en Flandes, donde vengo encomendado	
	a su hermana, riquisíma viüda	
	que aquí en Madrid está y, siempre que acuda,	
	me dará todo cuanto yo fuere a pedilla.	55

Alférez	¡Pesia mi vida! Vamos a embestilla.

Lisardo	Eso ha de ser al vernos apretados.

Alférez	Pues qué más, si a Madrid recién llegados	
	el paje nos lamió la faltriquera	
	más que si plato de conserva fuera.	60
	Mas al despique apelo;	
	que yo con estas gradas me consuelo,	
	de San Felipe, donde mi contento	
	es ver luego creído lo que miento.	

Lisardo	¡Que no sepáis salir de aquestas gradas!	65

Alférez	Amigo, aquí se ven los camaradas.
	Estas losas me tienen hechizado,
	que en todo el mundo tierra no he encontrado
	tan fértil de mentiras.

Lisardo	¿De qué suerte?

Alférez	Crecen tan bien aquí que, la más fuerte	70
	sembrarla por la noche, me sucede,	
	y a la mañana ya segarse puede.	

| Lisardo | De vuestro humor, por Dios, me estoy riendo. | |

Alférez	Por la mañana yo, al irme vistiendo,	
	pienso una mentirilla de mi mano,	75
	vengo luego y aquí la siembro en grano,	
	y crece tanto que, de allí a dos horas,	
	hallo quien con tal fuerza la prosiga,	
	que a contármela vuelve con espiga.	
	Aquí del Rey más saben que en palacio,	80
	y el Turco, esto se finge más a espacio,	
	porque le hacen la armada por diciembre	
	y viene a España a fines de setiembre.	
	Aquí está el Archiduque más que en Flandes.	
	Aquí hacen todos títulos, y grandes.	85
	Ver y oír esto, amigo, es mi deseo,	
	mi comedia, mi Prado y mi paseo;	
	y aquí solo estoy triste, cuando hallo	
	quien mienta más que yo sin estudiallo.	

| Lisardo | Siempre graciosas son vuestras locuras. | 90 |

Alférez	Mira, hay aquí de tabla unas figuras,	
	que para entretener basta cualquiera:	
	Es cotidiano un don Martín de Herrera,	
	todo suspiros, ansias y querellas.	
	Su tema es galantear doncellas,	95
	y el segundo papel que las envía	
	es palabra de esposo; y su porfía	
	es tal que aun a una monja en un convento	

palabra la dará de casamiento.
También aquí es continuo el licenciado   100
Celedón, gran sujeto y gran letrado,
que fue alcalde mayor en San Clemente
y a todo saca un texto de repente.
Viene aquí a San Felipe su deseo
y el don Martín le ha olido un galanteo   105
que tiene aquí con una doncellita,
que la guarda una tía tan maldita
que la sierpe de Adán fue ángel con ella;
y a cuantos dicen algo a la doncella
se los quiere tragar. Y es que se enfada   110
de ver que ella no es la enamorada,
que, aunque es viuda, piensa en su persona
que Venus fue con ella una fregona.
Y en fin el don Martín y el licenciado,
muy pulidito aquél y éste espetado,   115
uno pretende a textos competido
y otro apurar palabras de marido.
Viene luego un vejete que es archivo
de todos los sucesos más extraños,
y tiene ya de gradas setenta años.   120
Él trae la novedad y la pregona,
y ahora todo es contar lo de Girona,
como suceso fresco.

Lisardo   ¡Vive el cielo!,
que ya que lo acordáis nada he sentido
como haberme venido   125
de Cataluña, habiendo allí llegado
después de haber pasado
toda Francia y hallarme en el socorro
de Girona, por no poder quedarme
con el señor don Juan, que ya olvidarme   130

13

jamás podré de su bizarro aliento.
Cierto que haberle conocido siento,
no pudiendo asistirle, que su brío
en la facción dejó inclinado el mío.

Alférez   Eso no pudo ser, que hay pretensiones   135
que no permiten esas dilaciones.
Mas ya los cotidianos van viniendo.
Por vuestra vida reparad sus modos.
Éste es el viejo que los trae a todos.
Notalde bien el talle y la persona.   140

(Sale el vejete.)

Vejete   Bravo socorro se metió en Girona,
ya queda por la cuenta
socorrida hasta el año de noventa.
Es el señor don Juan bravo soldado.

Lisardo   Gracioso es el vejete.

Alférez   Pues, ¡cuidado!,   145
que viene el don Martín.

(Sale don Martín.)

Don Martín   Ver no se excusa
dos doncellas que acuden a la inclusa,
aunque el dote no es fijo, a lo que infiero,
porque su padre ha sido tesorero.

Alférez   Tras él viene también nuestro letrado.   150

(Sale el licenciado Celedón.)

Celedón	Todo el código entero hoy he pasado y un texto he hallado ya en la ley tercera, para que esta doncella más me quiera.
Vejete	¡Oh, caballeros!, sean bien venidos.
Alférez	Señor Yáñez, ¿qué hay?
Vejete	Que destruidos 155 quedan ya los franceses. Cabeza no han de alzar en treinta meses.
Celedón	Pues, ¿cómo?, por su vida.
Vejete	Porque está ya Girona socorrida.
Lisardo	Aquí está quien se halló en esa pelea. 160
Don Martín	¿Quién es?
Lisardo	Yo fui.
Don Martín	Y enhorabuena sea.
Lisardo	Que de Flandes por Francia pasé a España y, viendo de Girona la campaña, quise, en esa fación que se ofrecía, de paso allí empeñar mi bizarría. 165
Celedón	Porque acá variamente se ha contado, nos diréis la verdad, como testigo.
Alférez	Vaya Lisardo.

Celedón	Vaya.
Lisardo	Ya lo digo.
	Estando prevenido ya el socorro.
Vejete	Diga antes que se junte mucho corro. 170
Lisardo	Sabiendo el señor don Juan,
	como ya Girona estaba
	en el último conflito,
	pues de bastimentos falta,
	para un día solo había 175
	las raciones limitadas;
	debiéndose haber llegado
	a necesidades tantas,
	con peligro y sin socorro,
	a los cabos de la plaza, 180
	y en ella principalmente
	a la osadía bizarra
	del Condestable, pues él
	solo pudo sustentalla
	con su sangre y con su nombre, 185
	resistiendo su constancia
	la necesidad y el riesgo,
	con valor y con templanza,
	y luego en la resistencia
	de los asaltos se hallaba 190
	su valor siempre el primero,
	coronando la muralla;
	conociendo, pues, su Alteza
	el grande empeño en que estaba,
	aunque siempre el Condestable 195
	tuvo segura la plaza,

pues nunca con su persona
tuvo riesgo la fianza,
y aunque se hallaba sin medios
y prevención necesaria 200
para intentar el socorro,
con los pocos que se hallaba,
a los quince de setiembre,
con resolución bizarra,
de Barcelona salió 205
a dar vista a la campaña.
A los veinte y tres con pocas,
aunque difíciles marchas,
por ser fragoso el país,
llegó a vista de la plaza. 210
Reconocidos los puestos
que el enemigo ocupaba,
resolvió luego su Alteza
acometer sus escuadras.
Intentó hacer tres ataques: 215
uno real con ordenanza
y los dos de diversión.
El ataque real encarga
a don Gaspar de la Cueva,
que en él iba de vanguardia. 220
Seguíanle don Francisco
de Velasco, cuya espada
ilustró allí con su sangre
los blasones de su casa.
Con él, el conde de Humanes; 225
llevando entrambos la escuadra
que se formó de la gente
de los navíos de armada.
Tras ellos iban los tercios,
con militar ordenanza 230

del varón de Amato y conde
Hércules, que le acompaña
para lograr la facción.
Y de la gente bizarra
de galeras, otro tercio   235
del marqués de Flores de Ávila.
Los tercios de catalanes
cubriendo la retaguardia,
la caballería de Flandes
y Borgoña gobernada   240
por el barón de Butier.
Y ansí, dispuesta la marcha,
su Alteza, el señor don Juan,
sacó bizarro la espada,
mandando que acometiesen.   245
No cabrán en mis palabras
afectos para decir
la merecida alabanza
deste Príncipe: el valor,
la osadía, la templanza,   250
el arrojo, la cordura,
la modestia, la arrogancia,
mezcladas unas con otras,
que hacen la virtud más clara.
Mas solo podré decirlas,   255
con la gloria más alta:
es ser hijo de su padre.
Y cuando la suerte avara
no le diera esta grandeza,
él, por sí, merece tanta   260
que aun siéndolo, ya el ser hijo
de tan ínclito Monarca,
tanto como por su sangre,
lo merecen sus hazañas.

Acometió don Gaspar   265
de la Cueva con tan rara
resolución la colina,
que en breve espacio ocupada
se retiró el enemigo.
Y él siempre dándole carga,   270
como tenía por orden,
hizo que desamparara
los puestos fortificados,
hasta llegar a una casa
de esguízaros guarnecida,   275
donde hizo pie y peleaban
como rayos los franceses.
Pero en este tiempo avanzan
don Francisco de Velasco
y el de Humanes con su escuadra.   280
Y pelearon de suerte
que, tomándoles la casa,
se retiraron a otra
que más adelante estaba
con más fortificación;   285
y haciendo más amenaza,
al camino de Girona,
porque la mano se daba
con un fuerte que tenían
en un paraje que llaman   290
de la Cuesta de la Liebre.
Aquí ardía la batalla;
y un infierno parecía
la confusión exhalada
contra los rayos del Sol,   295
de humo, polvo, sangre y balas.
Don Francisco de Velasco,
herido, entre furia tanta,

anhelaba por entrar
y en la sangre que derrama,   300
por olvidar su peligro,
iba poniendo sus plantas.
Crecía la confusión,
mas de su Alteza, irritada
la cólera generosa,   305
por el medio de las armas,
se metió y a sus soldados
alentando en voces altas,
parece que en cada uno
se metió su misma saña;   310
porque, como ardiente fuego
que por las mieses doradas
entra talando y su ardor
de espiga en espiga salta,
dejando hecha una luz misma   315
todo el oro de sus cañas,
ansí el valeroso joven,
por sus valientes escuadras,
del fuego de su furor
iba sembrando las brasas,   320
dejando todos los pechos
tan vestidos de su llama,
que a su ejemplo todos eran
ya como él en la batalla.
A este tiempo el Condestable,   325
juntando la más bizarra
gente que en la plaza había,
salió della y, por la espalda,
dando sobre el enemigo,
le apretó con furia tanta,   330
que obligándole a la fuga
del rayo, que le amenaza,

no dio lugar al valor
para que le hiciese cara.
Y empeñado en deshacerle, 335
se mezcló entre sus escuadras
de tal suerte que, llegando
a pelear con la espada,
una estocada le dieron
a su salvo por la espalda. 340
Herido el valiente joven,
cual fiero león de Albania,
que de sus heridas nacen
los furores de su saña,
por entre sus enemigos 345
rompe, hiere y desbarata,
con tal prisa y tal violencia,
que en los golpes de su espada,
por donde quiera que iba,
las centellas que levanta 350
del triunfo de su vitoria
iban siendo luminarias.
Viendo el riesgo el enemigo,
hizo del fuerte llamada,
y con capitulaciones 355
se rindieron, ocupadas
casa y fuerte y casi todos
los puestos de la campaña.
No le quedaba al francés
recurso ya de esperanza 360
y, marchando a toda prisa,
sus cuarteles desampara
pegando fuego, por dar
seguro a la retirada.
Mas con tanta brevedad, 365
que se dejó en partes varias

mucha ropa y bastimentos,
quedando para la plaza
libre el paso del socorro.
Picole en la retaguardia   370
su Alteza y en el camino
le obligó a que se dejara
dos piezas de artillería;
con lo cual, desbaratada
su gente, y casi deshecha,   375
dentro de muy pocas marchas
quedó vencido su orgullo,
vitoriosas nuestras armas,
la campaña fenecida
y socorrida la plaza.   380
Y desta facción resulta
más gloria a nuestro Monarca;
pues ha librado en tal hijo
tantas vitorias a España.

Don Martín   Cierto que fue gran facción.   385

Celedón   La ley trigésimacuarta
               habla de la guerra, y dice:
               «Milites plurimum valeant.»

Alférez   Y dice bien, porque aquí
               todos los soldados balan.   390

Vejete   Y usancé, señor alférez,
               ¿no hizo en esta facción nada?

Alférez   ¿Cómo no? Miren ustedes:
               Yo estaba en una barraca
               y acometí hacia unos turcos,   395

que nos hacían más cara.
Yo los cogí de revés
y el capitán, que llamaban
Celín Gutiérrez de Soto,
le di tan gran cuchillada,   400
que le cercené la frente
con todas las tocas blancas.
Y volando por el aire,
iba con tanta pujanza,
que en Guadarrama paró,   405
por ser la tierra más alta.
Y entonces dijeron todos:
«Ya es turbante Guadarrama.»

Celedón   Pues ¿allí turcos había?

Vejete   Pues ¿eso duda? ¿No basta   410
                 que lo diga el seor alférez?

Alférez   Saben poco de batallas
                 los letrados.

Lisardo   A lo menos,
                 como perros peleaban.

Alférez   ¿Como perros? Juro a Dios   415
                 que había un tercio de Irlanda
                 que se comía la gente.

Celedón   Solo en este caso no habla
                 ninguna ley del derecho.

Don Martín   Pues ¿es preciso que haya   420
                 ley para todo?

Celedón	Eso es bueno,
	no hay cosa en el mundo rara,
	de que no haya ley, y yo,
	si estudio esta cuchillada,
	he de hallar ley para ella. 425
Don Martín	¿Qué ley, ni qué patarata?
Celedón	¿Piensa usté que son las leyes
	para morar en las gradas?
Don Martín	Yo pienso que eso es locura.
Lisardo	Caballeros, ¡basta!
Vejete	¡Basta! 430
	¡Por Cristo, el señor alférez
	no nos dio la cuchillada
	a nosotros para que
	sobre ella pendencias haya!
	Yo he visto cosas aquí 435
	que han pasado en Alemania,
	en Flandes y en Filipinas,
	más exquisitas y raras,
	sin hacer tanto espaviento.
Alférez [A Lisardo.]	(¿No veis que está en Guadarrama 440
	el turbante? De aquí a un hora,
	ha de estar en las Canarias.)
Lisardo [Al alférez.]	(Buen gusto tenéis, por Dios.)
Don Martín (Aparte.)	(¡Cielos!, sacudo la capa;

	doña Francisca y su tía,	445
	ya entrando van por las gradas.	
	Largo va este ferreruelo,	
	esta golilla es muy ancha.	
	Si tendré bueno el bigote,	
	que no se usa en España	450
	espejos de faltriquera,	
	cierto que hacen mucha falta.)	

Celedón (Aparte.) (¡Qué miro! Doña Cecilia
con doña Francisca pasan
a misa con su escudero.   455
Este don Martín me cansa,
porque yo le tengo miedo
y enamorar me embaraza.)

[A Lisardo.] (Digo, señor Capitán,
¿quiere usted hacerme espaldas,   460
para hablar a estas señoras?)

Alférez [A Lisardo.] (Ésta es la viuda vana.)

Celedón [A Lisardo.] (Porque aqueste don Martín
es temerario y las habla,
y yo me quedo en ayunas.)   465

Lisardo [A Celedón.] (Vuesasced sin miedo vaya
y háblelas cuando quisiere,
que aquí tendrá retaguardia.)

Alférez ¿No hay un texto para eso?

Celedón Sí hay texto, pero la espada   470
alcanza más.

Alférez	¿Eso dice?
	traella de más de marca:
[A Lisardo.]	(Atended al escudero
	que a la viüda acompaña,
	que es un montañés más simple 475
	que Pero Grullo y Panarra.)

(Salen doña Cecilia, viuda, con Chichón, escudero, y doña Francisca y Margarita delante, de la mano.)

Viuda	Frazquita, baja los ojos,
	que vas desembarazada,
	y no es modo de doncella.
Doña Francisca	¿Yo, señora, miro nada? 480
	Los ojos llevo en las losas.
Vejete	¡Oh! ya han venido las damas.
	Voló la conversación.
	Yo me voy, que en esta farsa
(Vase.)	no hacen papel los ancianos. 485
Doña Francisca	[A Margarita.]
	(Los soldados son la gala
	destas gradas, Margarita.)
Viuda	¿Qué vas diciendo, muchacha?
	¿No he dicho que a nadie mires?
Doña Francisca	¿Yo, señora, miro nada? 490
Margarita	[A doña Francisca.]
	(¡Qué prolija es mi señora!)

Doña Francisca	[A Margarita.]
	(Margarita, harto me cansa,
	solo casarme deseo,
	aunque no esté enamorada,
	por verme libre de tía.) 495
Margarita	[A doña Francisca.]
	(La lleva el diablo su alma,
	porque a ella no la enamoran;
	que cuantos a ti te hablan
	los quisiera para sí.
	Y todo el día está en casa 500
	alabando su hermosura.)
Viuda	Chichón, múdeme la capa,
	porque le sudan las manos
	y con el sudor me mancha.
Chichón	Señora, como es invierno, 505
	tengo yo ahora esa falta.
	Hasta que entren las calores,
	tenga usted paciencia.
Viuda	Vaya.
Celedón	[A Lisardo y al alférez.]
	(Miren que llego, señores.)
Alférez [A Celedón.]	(Llegue sin miedo, ¿qué aguarda? 510
	que aquí vamos de convoy.)
Celedón	[A doña Francisca.]
	(Para hablaros dos palabras
	he estudiado en Parlador

	tres horas esta mañana,	
	y hallé para vuestros ojos	515
	un lugar, que dellos habla	
	in terminis.)	
Margarita	¡Lindo estilo!	
Doña Francisca	¿Y es el lugar Salamanca?	
Viuda	No respondas nada, niña.	
Doña Francisca	¿Yo, señora, digo nada?	520
Don Martín	Oye, señor Licenciado,	
	ya le he dicho que me cansa	
	que enamore.	
Alférez	¡Caballero!	
Don Martín	¿Qué mandáis?	
Alférez	Una palabra	
	aquí a un lado.	
Don Martín	¿Qué queréis?	525
Alférez	Deje usted batir la estrada,	
	que va el señor auditor	
	a averiguar una causa.	
Don Martín	¡Linda flema!	
Alférez	Tenga usted.	

Don Martín	¿Qué queréis?	
Alférez	Otra palabra.	530
Lisardo (Aparte.)	(Por Cristo, que la Francisca es como una misma plata.)	
Viuda	Señores, en cortesía les suplico que se vayan.	
Celedón	Señora, esto es matrimonio.	535
Viuda	Esas cosas no se tratan ni aquí ni con mi sobrina.	
Chichón	¿No va aquí un hombre con barbas, si tienen algo que hablar?	
Lisardo (Aparte.) [A Celedón.]	(Soplarle quiero la dama.) (Llegad a hablar a la tía, que es lo de más importancia.)	540
Celedón	Señora, si dais licencia, os informaré en mi causa; y porque estéis en el hecho, diré solo la sustancia.	545
Chichón	Mi ama no la ha menester, que está muy bien regalada.	
Viuda	¡Calle Chichón! ¿Ya no sabe, que es simple? ¿Por qué no calla?	550
Chichón	Pues, ¿qué quiere usted que diga,	

si dice que trae sustancia?

Viuda   ¿Qué queréis, señor?

Celedón   Deciros
solamente dos palabras.

Chichón   Si vusted no tiene bula,   555
no puede hablar con mi ama.

Celedón   ¿Por qué?

Viuda   ¿Qué dice? ¿No ve
que es simple? ¿Por qué no calla?

Chichón   ¡Válame Dios!, si es hoy viernes,
y nos tiene dicho en casa   560
que usté es como una manteca.
¿Sin bula podrán hablalla?

Viuda   ¿Qué es lo que decís?

Celedón   Ya informo.

Don Martín   Dejadme, que se me pasa
la ocasión del galanteo.   565

Alférez   Óigame, que poco falta.

Don Martín   ¿Qué he de oír, si no os entiendo?

Alférez (Aparte.)   (Ahora importa más la larga,
que con la doncella pienso
que pegó mi camarada.)   570

	Yo me explicaré.	
Don Martín	Sea presto.	
Lisardo	No tiene el mayo mañana más florida que esos ojos.	
Doña Francisca	¡Ay señor!, soy desdichada, que esta tía es mi martirio.	575
Lisardo	Si eso solo os acobarda, yo vencer sabré ese estorbo.	
Margarita	¡Ay!, que nos tiene encerradas como dinero de dueña y está rabiando nuestra alma por hablar cuando salimos.	580
Lisardo	Si me decís vuestra casa, yo os daré medio de hablar.	
Viuda	¿Qué haces niña? ¿Con quién hablas? Señor soldado. ¿Qué es eso?	585
Doña Francisca	¿Yo, señora, digo nada?	
Viuda	¡Entraos en la iglesia luego!	
Lisardo	Esto, señora, no pasa de casual cortesanía.	
Viuda	Pues para eso ya basta. ¡Entraos en la iglesia, niñas!	590

Margarita	¡Fuego de Dios, qué tarasca!	
	Está ella hablando dos horas	
	y nosotras, desdichadas,	
	quiere que estemos a diente.	595

| Doña Francisca | Vamos y no demos causa | |
| | a que haya en casa sermón. | |

(Vase.)

| Margarita | Señor soldado. | |

| Lisardo | ¿Qué mandas? | |

| Margarita | Que nos sigáis en saliendo, | |
| | si queréis saber la casa. | 600 |

| Lisardo | Si haré. | |

| Margarita | Por Dios, que tengáis | |
| | lástima desta muchacha. | |

(Vase.)

| Don Martín | Vive Dios, que se han entrado, | |
| | dejadme ir tras ellas. | |

| Alférez | Vaya, | |
| | que ya es tarde. Mas oíd. | 605 |

Don Martín	No os puedo oír más palabra,	
	que tengo que ir luego al Carmen,	
	y al Caballero de Gracia.	

(Vase.)

Celedón	¿No respondéis a mi intento?

Viuda	No es cosa la que se trata	610
	para responderos luego.	
	Vuestra presencia me agrada,	
	mas si habéis de ser mi esposo,	
	hay muchas cosas que faltan,	
	y han de verse muy despacio.	615

Celedón	Yo no os he hablado palabra
	para ser esposo vuestro.

Viuda	¿Pues qué?

Celedón	Yo, señora, hablaba
	solo de vuestra sobrina.

Viuda	Mi sobrina no se casa	620
	hasta que me case yo,	
	que su edad es muy temprana;	
	y aunque estoy con tocas yo,	
	ya de quince años lo estaba,	
	y aún no tengo diecinueve	625
	cumplidos.	

Chichón	Y la mamada.

Celedón	Ansí será, mas yo a vos
	no os pretendo.

Viuda	Pues se cansa
	si pretende a mi sobrina.

Venga, Chichón.

(Vase.)

Chichón	La muchacha	630
	no se la darán, par Dios,	
	a él, ni aun para descalzalla.	

Celedón   ¿Por qué?

Chichón	Porque ni aun a mí,	
	con ser yo tanto de casa,	
	no me la dará su tía.	635

Celedón   Y andará muy acertada.

Chichón	No andará ni su zapato,	
	que soy yo de la Montaña,	
	y soy Chitón de Barrientos,	
	más antiguo que la sarna.	640
	¡Oh, qué lindo letradillo!	

Celedón   Hombre, ¿qué dices? ¿Qué hablas?
            ¿Sabes que estoy consultado
            de Guajaca?

Chichón	¿De chocolate?	
	Cásese allá con las cajas.	645

(Vase.)

Lisardo   La muchacha es como un oro.

Celedón   Mas la tía es grande maza.

	Vos me habéis hecho un gran gusto,	
	que este don Martín me enfada.	
Alférez	En la iglesia entró tras ellas.	650
Celedón	¿Entró? Fuerza es que allá vaya.	
	Allá dentro no le temo.	
Lisardo	Si la tía os desengaña,	
	¿para que cansáis en vano?	
Celedón	¿Cómo cansarme? ¿Qué llama?	655
	A textos he de vencella,	
	que si en el derecho se halla	
	ley prima, ha de haber ley tía,	
	o me he de pelar las barbas.	

(Vase.)

Alférez	¿Qué decís destos humores?	660
Lisardo	¿Vos no sabéis lo que pasa?	
Alférez	¿Qué?	
Lisardo	Entre vos y yo, a los dos	
	hemos soplado la dama.	
Alférez	¿Cómo?	
Lisardo	Yo eché al licenciado	
	a la tía, para hablalla,	665
	y me han dicho que las siga.	

Alférez	Bravo, par Dios, la criada acoto.
Lisardo	Pues, ¿no a la tía?
Alférez	Si fuera tía, no la enamorara yo donde hay gorronas.

670

Lisardo	Aguarda, que aquí sale el escudero.
Alférez	De gran simple es la calaña.

(Sale Chichón con un rosario en la mano.)

Chichón	Ya oí misa a buena cuenta. ¡Que sea yo tan perdulario, que nunca acabe un rosario, porque en llegando a esta cuenta, que es de alma, como es notorio, de aquí no puedo pasar! Todo se me va en sacar ánimas del purgatorio. Admitan mi buen deseo y den su santa intención por el pecador desta viuda. Santíguase con el rosario ¡Cómo almorzaríades vos, Chichón! ¡Qué bien sabe, pues, un torreznito después de encomendarse uno a Dios!

675

680

685

Lisardo	¡Ah, hidalgo!
Chichón	Y no es lo peor 690 que tengo.
Lisardo	Créolo a fe. ¿Quereisme oír?
Chichón	Mire usté que no soy yo confesor.
Lisardo	Que me deis pretendo, amigo, destas señoras razón. 695
Chichón	No sea mermuración.
Lisardo	Ni sombra.
Chichón	Por eso digo, que soy yo muy vertuoso.
Alférez	¿Las servís?
Chichón	Las he criado. Más besos las tengo dado 700 que a las colmenas un oso.
Alférez	Bien podréis dar testimonios.
Lisardo	De quién son, es nuestra duda.
Chichón	Mire usté, lo que es la viuda es hija de los dimonios. 705 Los mismos ojos la saca

	a la pobre Francisquita.	
	¿Vela usté? Es una santita.	
	Mas, grandísima bellaca,	
	por casarse anda perdida.	710
	La tía es libidinosa	
	y a la niña, de envidiosa,	
	no deja galán a vida.	

Lisardo   Y ¿entra alguno a ser dichoso?

Chichón   ¡Jesús!, ni imaginación,   715
        que eso era mermuración
        y yo soy muy virtuoso.
        Mas ¿ve usté? La tía se endilga
        y por marido revienta.
        Se alaba, tenga usté cuenta,   720
        y se alaba y se remilga.
        Se hace niña de faición.
        Pues ve usté, aunque más lo borre,
        treinta tiene y lo que corre
        acá desde San Simón.   725

Alférez   Graciosa simpleza. Al vella,
        la risa me precipita.
        Y ¿es doncella Margarita?

Chichón   Mira y me casan con ella,
        pero yo no quiero tal.   730

Alférez   ¿Por qué? ¿No os hará provecho?

Chichón   No ve usté que tengo hecho
        voto de virgen bestial.

Lisardo	¿Cómo tiene el apellido la tía?
Chichón	Es doña Cecilia 735 Maldonado, gran familia.
Lisardo	Alférez, ¿no habéis oído?
Alférez	Ya escucho, que es bravo cuento.
Chichón	Pero, señores, adiós, que ya me esperan las dos; 740 y callar lo que les cuento.
Lisardo	De eso estamos cuidadosos
Chichón (Vase.)	Por eso digo, ¡chitón!, que me quitan la ración, y no es bueno ser chismosos. 745
Lisardo	Alférez, suerte dichosa. La hermana es esta viuda del Capitán.
Alférez	Es sin duda.
Lisardo	La sobrina es milagrosa y, según contaba él della, 750 muy gran dote ha de tener. ¿Qué pudiéramos hacer para casarme con ella?
Alférez	Mirad doncellas guardadas, que aun la calle verlas niegan, 755

al primero que hablan pegan,
aunque sean más honradas.
Ello con grande recato,
se ha de dar alguna traza
para hablarlas, que esta plaza   760
ha de rendirse por trato.

Lisardo   ¿Cómo?, si guarda con ella
             la tía, casa y sobrina.

Alférez   ¿Hay más de hacerla una mina,
             y volarla la doncella?   765

Lisardo   Alférez, de esa conquista
             por el modo desconfío.

Alférez   Pues si esto no, amigo mío,
             asaltalla a escala vista.

Lisardo   Peor medio es ese, amigo,   770
             con tantos competidores.

Alférez   ¿Han de faltar batidores
             si viniere el enemigo?

Lisardo   ¡La carta!

Alférez   Pesia mi alma,
             que esa es brava introducción.   775
             Ya he formado el escuadrón.

Lisardo   ¿Cómo?

Alférez   Veislo aquí en la palma,

	con un alfiler se pasa	
	la firma.	
Lisardo	¿Y pues?	
Alférez	Contrahacella	
	y escribir carta sobre ella,	780
	que nos hospede en su casa.	
Lisardo	¿Sabréis vos?	
Alférez	Linda chacona;	
	os la pondré dibujada,	
	y en ganándole la entrada,	
	rebato y arda Bayona.	785
Lisardo	¿Lograré las ansias mías?	
Alférez	Rendireisla.	
Lisardo	Al punto vamos.	
Alférez	Pues toca al arma.	
Lisardo	Embistamos.	
Alférez	¡Al arma contra las tías!	

(Vanse.)

(Salen la viuda, doña Francisca, Margarita y Chichón.)

Viuda	Esto se ha de remediar,	790
	ni aun a misa han de salir.	

¿En la iglesia se ha de hablar?

Doña Francisca Pues, señora, ¿no he de oír?

Viuda No tienes que replicar.

Margarita (Aparte.) (Ya esto a rabia me provoca; 795
que de sed matarnos quiera,
y no nos dé, aquesta loca,
un poco de habla siquiera
para enjuagarnos la boca.
Que ella hable, enamore y hunda, 800
y marido donde quiera
es su palabra primera.
Pues, aunque más nos confunda,
he de ser yo la tercera.)

Viuda Margarita, ¿qué hablas quedo? 805
¿Qué estás rezando?

Margarita ¡Ay tal dar!

Viuda No me reces.

Margarita Tengo miedo,
como nos quieres matar,
y estaba diciendo el credo.

Chichón Ya es eso mucho apretar: 810
¿ni hablar ni ver? Cosa es fiera.

Viuda ¿Pues qué han de hacer con hablar?

Chichón Hacer materia siquiera

de poderse confesar.
Demás de que su mercé   815
tiene la culpa de que
ella hable a los de buen talle
que va encontrando en la calle.

Viuda   ¿Cómo?

Chichón   Yo se lo diré:
La mula, que hambrienta va   820
camino, si halla un sembrado
que a tiro de diente está,
de trecho en trecho un bocado
caminando al verde da.
Si de amor hambrientas van,   825
y usted no las trata bien
en parlar, ¿qué mucho harán,
si a tiro de lengua ven
el alcacer del galán?
Téngala usté en casa alguno   830
y sáquela a pasear,
harta de parlar con uno;
que si ella hablare a ninguno,
yo me dejaré quemar.
Mire cuál está: ¡ay mi día!,   835
y hace pucheros a fe.
No haya más, Frazquita mía,
que es una mala esta tía,
escupe, y yo la daré.
Calla, que si te desvelas   840
por eso y te desconsuelas,
te he de traer esta noche
cuatro galanes y un coche,
en yendo a las covachuelas.

Doña Francisca	Señora, tanto apurar,	845
	mal con tu intento concuerda,	
	y a loca me harás pasar;	
	que por quererla afinar,	
	se suele quebrar la cuerda.	
	O soy liviana u honrada.	850
	Si honrada soy, ¿qué me adquieres	
	con tema tan porfiada?	
	Si liviana, ¿cómo quieres,	
	que te sufra tan pesada?	
	Si honrada soy, del delito	855
	me guarda mi condición;	
	pues si yo a mí me le evito,	
	¿para qué es la privación	
	donde falta el apetito?	
	Lo que yo nunca he querido	860
	me mueves a que lo quiera,	
	porque a veces el sentido	
	quiere lo que no quisiera	
	porque lo ve prohibido.	
	Y en los manjares verás,	865
	que siendo el común mejor,	
	porque no se halla jamás,	
	se estima el extraño más	
	cuando le hay, siendo peor.	
Margarita	Y el ejemplo te he de dar	870
	que en los tomates contemplo;	
	y de paso has de notar	
	que te hablo con un ejemplo,	
	como soy tan ejemplar:	
	Por la peste se prohibieron,	875
	nadie a ochavo los quería	

y cuando faltar los vieron,
tanto el deseo crecía,
que a real de a ocho valieron.

| Viuda | ¿Conmigo filosofías? | 880 |
| | ¿Simón no es cosa galante? | |

Chichón	¿Cómo es eso de folías?	
	Son muy grandes picardías;	
	mátelas usté al instante.	

| Doña Francisca | Pues, ¿la verdad no te cuento? | 885 |

| Viuda | Calla, pícara, o ahora | |
| | vengaré mi sentimiento. | |

| Chichón | ¿Folías a mí, señora? | |
| | Es muy grande atrevimiento. | |

| Viuda | Y mucha bachillería. | 890 |
| | ¿Conmigo filosofía? | |

Chichón	Ríñalas más su mercé,	
	que yo a su lado estaré	
	cuando hay razón; ¿qué es folía?	
	Es muy grande disolución	895
	y eso no se ha de sufrir:	
	lo que es razón, es razón.	

(Dentro.)

| Lisardo | ¡Ah de casa! |

| Viuda | Vaya a abrir, |

	mire quién llama, Chichón.	
	Entraos adentro vosotras.	900
Doña Francisca	¡Jesús!, qué extraño martirio.	
Margarita	Vamos, señora, que está hecha un mismo basilisco.	

(Vanse.)

Chichón	Dos soldados son, señora, y pienso que son los mismos que hoy vimos en San Felipe.	905
Viuda	Entren, pues; mas yo los miro, ellos son.	

(Salen Lisardo y el alférez.).)

Lisardo	Guárdeos el cielo.	
Viuda	¿Qué mandáis?	
Lisardo	Recién venidos de Flandes, aquesta carta os dirá a lo que venimos.	910
Chichón	Bravos lagartos parecen.	
Viuda	De mi hermano es, ya la miro.	

(Lee.)«Hermana, el capitán Lisardo y el alférez Aguirre van a Madrid a pretensiones tan mías como suyas. Suplícote que, pues tienes casa para poderlos tener con decencia, los hospedes en ella y los regales como a personas a quien tengo más que muchas obligaciones.»

	no hay que pasar adelante,	
	bien la firma he conocido.	915

Alférez (Aparte.)   (Tal trabajo me ha costado.)

Viuda   Seáis, señores, bien venidos.
¿Cómo queda allá mi hermano?

Lisardo   Bueno y mozo, que os afirmo
que aún lo está con tanta edad.   920

Viuda   Por él me obligo a serviros,
y será vuestra esta casa.

Lisardo   Hoy en San Felipe os vimos
sin conoceros, mas luego
nos dio este escudero aviso.   925

Chichón   Si señor, mas ¿yo no dije
que mi ama busca marido?

Viuda   Calle, Simón, que es un simple.

Chichón   No quiero que usted dé gritos
sobre si yo soy parlero.   930

Lisardo   A su sobrina, me dijo
vuestro hermano, que un abrazo
diese en su nombre y no miro
quien sea aquí esta señora.

Viuda	Está adentro en su retiro.	935
	Llame a Frazquita, Simón.	
Chichón	Pues ¿es boba ella? Al resquicio	
	de la puerta está acechando.	
Viuda	¡Francisca!	
Doña Francisca	Ya yo te he oído.	
Viuda	Al señor Lisardo envía	940
	a nuestra casa tu tío,	
	y que te vea le encarga.	
Margarita	[A doña Francisca.]	
	(Señora, aqueste es el mismo...)	
Doña Francisca	[A Margarita.]	
	(Ya le he conocido, calla.)	
Lisardo	Señora, de haberos visto	945
	me huelgo; y cierto que ha andado	
	muy corto allá vuestro tío	
	en vuestro encarecimiento,	
	que sois un ángel divino.	
Doña Francisca	¿He de responder?	
Viuda	Pues ¿no?	950
Doña Francisca	Señor a mi tío estimo,	
	que nos envíe el regalo	
	de la ocasión de serviros,	
	que yo agradezco.	

Viuda	No tanto.	
Doña Francisca	Pues callaré.	
Lisardo	Yo os suplico me deis licencia de darla el abrazo.	955
Viuda	Por su tío es muy justo.	
Lisardo	Pues señora que de él le admitáis os pido.	
Doña Francisca	¿Le he de abrazar?	
Viuda	Claro está.	960
Doña Francisca	Pues, señor, los brazos míos tomad y el alma con ellos, que os la doy para mi tío.	
Viuda	Basta, basta. ¿Tanto aprietas? ¡Jesús!, y qué desatino.	965
Doña Francisca	Yo no sé abrazar mejor, señora.	
Viuda	Tonta has nacido.	
Chichón	Sí, como caldo de zorra.	
Viuda	Margarita, tú al proviso	

	adereza el cuarto bajo.	970
Margarita	Señores, voy a serviros.	
Alférez	¡Oh, qué brava es la fregona! Ya el corazón me da brincos. No la trueco a una duquesa.	
Viuda	Venid, señores, conmigo a sentaros acá dentro.	975
Lisardo	A obedeceros venimos.	
Viuda (Aparte.)	(Lindo mozo es el Lisardo, con gran gusto le recibo.)	
(Vase.)		
Lisardo	Señora...	
Doña Francisca	Sois mi remedio.	980
Lisardo	¿No es buen medio?	
Doña Francisca	Yo os le estimo.	
Lisardo	¿Podréis hablar?	
Doña Francisca	Lindamente.	
Lisardo	¿Y me oiréis?	
Doña Francisca	Seréis mi alivio.	

Lisardo	Pues vuestro seré.
Doña Francisca	Eso quiero.
Margarita	Presto, que vuelve, por Cristo. 985
Viuda	¿Qué es esto?
Doña Francisca	La reverencia.
Lisardo	No es necesaria conmigo.

(Vanse.)

Alférez	¿A quién digo?
Margarita	Será a mí.
Alférez	Y yo tengo buen partido.
Margarita	Y robado.
Alférez	Pues marchemos. 990
Chichón	Quedo con las uvas, tío, que estas son para colgadas.
Margarita	Calla bestia, entrad conmigo.
Chichón	Ahora bien, estos soldados no quisiera yo, ya digo. 995

Fin de la primera jornada

Jornada segunda

(Salen Lisardo y el alférez.)

Alférez	¿Hay tal regalo, hay tal cama,
	tal limpieza, tal olor,
	tan lindo gusto de amor,
	siendo fregona la dama?
	Lisardo amigo, ¿esto es sueño?; 1000
	que de gusto estoy sin mí.
	Bien haya lo que perdí,
	pues nos metió en este empeño.
Lisardo	Pues yo traigo el alma loca
	de un pesar que la traspasa. 1005
Alférez	¿Que decís?, ¿siendo esta casa
	Libro de qué quieres, boca?
Lisardo	Aguirre, amigo, mi amor,
	que cuando aquí entramos fue
	inclinación, ya en mi fe 1010
	se va pasando a furor.
Alférez	Pues ¿hay algo que aventure
	vuestro amor en su hermosura?
	¿Qué os ofende la locura,
	si tenéis quien os la cure? 1015
Lisardo	Ya sabéis que Margarita
	todas las noches me mete
	de su ama en el retrete,
	donde amor no me limita
	el favor, la estimación, 1020

que a doña Francisca debo.
A pintaros no me atrevo
el primor, la discreción
de su amor casto y discreto.
Y solo explico el primor   1025
con deciros que a mi amor
ha vencido su respeto;
que, como es tan soberano
su discurso, la imagino
deidad y con lo divino   1030
no me atrevo a ser humano.
A la mayor indecencia
que mi pecho se ha atrevido
a besar su mano ha sido;
y esto porque es reverencia.   1035
Puse el labio en ella ufano,
mas mirad cuál es mi amor,
pues no me apaga el ardor
todo el cristal de su mano.

Alférez   Pues ¿de qué es vuestro pesar   1040
                 que no se infiere del cuento?

Lisardo   Hasta aquí todo es contento,
                 mas ahora entra el azar.
                 Estando con ella, amigo,
                 desta ventura en el centro,   1045
                 me halló la tía allá dentro.

Alférez   ¡Cuerpo de Cristo conmigo!
                 ¿Anoche?

Lisardo   Anoche.

Alférez	No en balde
	lo sentís. ¿Y halló a los dos?
Lisardo	Juntos.
Alférez	Menos mal, por Dios,
	fuera que entrara un alcalde.
	¿Y qué dijistis?
Lisardo	Amigo,
	cogiome tan de repente,
	que no hallé cosa decente
	de mi disculpa testigo.
	Mas sabiendo que ella es
	tan amiga de afición,
	dile por su inclinación
	y salió peor después.
	Dije que de mi osadía
	era disculpa el amor;
	que ella me movió al error,
	y que yo se le tenía;
	que es cobarde el que se inclina
	y, como no me atreví
	a decirlo, me valí
	del medio de su sobrina;
	y que a pedirla había entrado,
	que ella mi amor la dijera.
Alférez	¡Que tal desatino hiciera
	un hombre mozo y soldado!
	A fingir amor se pasa
	a una dueña.
Lisardo	¿Por qué no?

1050

1055

1060

1065

1070

Alférez	Primero dijera yo que entraba a robar la casa.	1075
Lisardo	Pues si el suceso me empeña...	
Alférez	Más quisiera mi opinión, ser tenido por ladrón, que por galán de una dueña.	
Lisardo	No es lo peor eso.	
Alférez	¿No?, ¿pues qué?	1080
Lisardo	Que lo acetó luego y, llena de amante fuego, a su cuarto me llevó y yo, fingiendo querella, estuve pasando tragos y haciéndome mil halagos, sin poder librarme della. Me tuvo la noche toda dando a su sobrina celos; que temí, viven los cielos, que fuese la de la boda. Desto, amigo, resultó que la sobrina, al salirme, ni quiso verme ni oírme; diciendo esto: se acabó. Y yo estoy en el tormento de no verla y de la tía, que dice que en este día se ha de hacer el casamiento.	1085 1090 1095

	Y el medio para vencella,	1100
	solo vos darle podéis;	
	pues con que la enamoréis,	
	podré yo librarme della.	

| Alférez | Jesús, ¿eso habéis pensado? | |
| | ¿Habéis perdido el sentido? | 1105 |

| Lisardo | Pues ¿qué importa, si es fingido? | |

| Alférez | ¿Yo de dueña enamorado? | |

| Lisardo | Solo eso este daño allana, | |
| | y por vos vivir espero. | |

Alférez	Vive Cristo, que primero	1110
	me eche por una ventana.	
	¿No sabéis que yo a una dueña	
	no la tengo por mujer?	

| Lisardo | ¿Qué decís? Pues, ¿qué ha de ser? | |

| Alférez | No es mujer sino cigüeña. | 1115 |

| Lisardo | ¡Que penséis tal desatino! | |

Alférez	Hermano, el temor me empeña,	
	porque yo en viendo una dueña	
	pienso que es la de Tarquino.	
	¿En tocas meterme manda?	1120
	Que no es Flandes, advertid,	
	aqueste. ¿Estando en Madrid	
	queréis que muera en Holanda?	

Lisardo	¿Fineza era tan extraña la que mi amor os pidió?
Alférez	Pues ¿era San Jorge yo, para andar tras esa araña?
Lisardo	¿No es de la amistad indicio, viendo que es mi pena más?
Alférez	Por vida de Satanás, que me haréis perder el juicio. Empeñadme vos de veras, mandadme hacer de malicia resistencia a la justicia, aunque me echen a galeras, o reñir en cosa hecha con un zurdo, aunque yo acabe a manos de quien no sabe cuál es su mano derecha, mas no amar viuda tan loca. ¿Soy yo ladrón negativo? ¿Qué queréis, de alcalde esquivo darme un tormento de toca?
Lisardo	¡Que en mujer tan principal no sepáis poner el gusto!
Alférez	Hermano, yo no me ajusto en no habiendo delantal de picote, saya vieja sobre el guardapiés alzada, la cintura a un lienzo atada, lazo verde en la guedeja, mantilla, que me alborota,

Líneas: 1125, 1130, 1135, 1140, 1145, 1150

con botón el zapatillo,
que descubriendo el tobillo
la brujuleo como sota.   1155
A éstas busco, éstas pretendo
que hablan claro. ¿Hay más que oír
a una fregona decir:
«¿Ha visto el hombre?»; «no entiendo»;
«vaya adelante, señor,   1160
no se le acatarre el pecho»;
«ya aguardo, ángel»; «¡bien se ha hecho!»;
«¿qué nos quiere?»; «y eso ¿es flor?»;
«¿hace burla?»; «¡andar con ellas!»,
y otras cosillas ansí,   1165
que nacieron para mí,
o yo nací para ellas?
Y cuando está esquiva, más
del gusto es, más apacible
ver rendir este imposible,   1170
con castañas y hipocrás.

Lisardo	Pues ¿qué he de hacer?
Alférez	Engañalla.
Lisardo	Y ¿de mi ángel la querella? Amalla y satisfacella.
(Dentro.)	
Viuda	¡Chichón!
(Sale.)	
Chichón	Ya voy a buscalla. 1175

¡Jesús, Jesús!, ¡qué empujones!
Dende amanecer empieza:
«¡Chichón, Chichón!» La cabeza
tengo llena de chichones.

Lisardo   ¿Qué es eso?

Chichón   Mi ama, que toda   1180
la mañana me ha molido.
Parece que ha amanecido,
rabiando de hambre de boda.

Lisardo   Pues ¿qué agora te ha mandado?

Chichón   Me manda que venga a usté,   1185
y digo que voy.

Lisardo   ¿A qué?

Chichón   ¿A qué? Ya se me ha olvidado.

Lisardo   ¿Qué dices que te mandó?

Chichón   Dijo..., mas espere usté,
y se lo preguntaré.   1190
¡Ansí! ya se me acordó.
Dijo, ¡válgate el dimoño!,
que al audencia del vicario
vaya y llame a un perdulario
para que haga el matrimoño.   1195

Lisardo   Notario diría.

Chichón   Voltario,

sí señor, que se fatiga
por voltarios; que es amiga
de tener el gusto vario.

Lisardo   ¿Habéis visto tal quimera?   1200
               No sé, por Dios, qué he de hacer.

Alférez   Paciencia habéis menester.

Chichón   ¡Ansí! ¿cómo dijo que era?

Lisardo   Notario habéis de llamar.

Chichón   Ya ello suena a calandario,   1205
               campanario y boticario.
               No se me puede olvidar.
               Mas ¿dónde vive el señor
               vicario?

Lisardo   No sé dónde es.

Chichón   Pues ireme a San Ginés,   1210
               mas por Atocha es mejor.

Lisardo   ¿A Atocha habéis de ir agora?

Chichón   Por allí no puedo errar.

Lisardo   ¿Cómo?

Chichón   Mire usté, rezar
               primero a Nuestra Señora,   1215
               que esto Dios me lo recibe,
               y irme a palacio despacio.

Lisardo	Pues ¿qué hacéis luego en palacio?	
Chichón	Preguntar adónde vive.	
Alférez [A Lisardo.]	(¿Qué os importa que lo yerre?	1220
	Dejalde ir, ¿qué se os da a vos?	
Lisardo [Al alférez.]	(Decís bien.) Andá con Dios.	
Chichón	Mi ama se está erre que erre,	
	voy a buscar el vicario,	
	que ella en él tiene su gloria.	1225
	Ya bien llevo en la memoria	
	que he de traer un almario.	

(Vase.)

Lisardo	¡Que me socorráis vos!	
	Yo he de perder el sentido.	
Alférez	Doña Francisca ha salido.	1230
Lisardo	No sé qué hacerme, por Dios.	

(Salen doña Francisca y Margarita.)

Doña Francisca	Margarita, ¿esto ha de ser?	
	yo no he de sufrir mis celos.	
	Toda la noche con ella	
	hablando en su casamiento.	1235
Margarita	Estos soldados, señora,	
	tienen alma de venteros.	

Él quiere a tía y sobrina;
que en estando en Flandes luego,
traen del Príncipe de Orange,   1240
bula para el parentesco.
Ellos comen carne en viernes.
Yo pregunté al compañero,
que por qué carne comían,
y dijo: «Señora, tengo   1245
un hermano tuerto fraile».

Doña Francisca   No, Margarita. Su intento
                        es casarse con mi tía
                        por codicia del dinero.

Margarita   Pues ¿tú no tienes buen dote?   1250

Lisardo [Al alférez.]   (Aguirre, ¿no oís aquesto?)

Alférez [A Lisardo.]   (De celos trae una escuadra.
                        Embistan los mosqueteros
                        con dos mangas de lisonjas,
                        que con eso huirán los celos,   1255
                        que en la batalla de amor,
                        son los caballos ligeros.)

Margarita   Señora, aquí están los dos.

Lisardo   Aurora de mi deseo,
                        Sol de mi verde esperanza,   1260
                        día de mi pensamiento,
                        primavera de mi amor.

Doña Francisca   Ten, Lisardo, quedo, quedo
                        de primavera y de Sol,

	que, aunque yo a ti no te debo	1265
	ese amor que significas,	
	tampoco no te merezco,	
	sabiendo yo que son falsos	
	la injuria desos requiebros.	
Lisardo	¿Que son falsos? ¿que es injuria?	1270
	Dueño mío, no te entiendo.	
Doña Francisca	¿No te casas con mi tía?	
Lisardo	¿Tan poco crédito tengo	
	de discreto que has creído,	
	que pudiera ser tan necio?	1275
	¿Yo, a tu tía?	
Alférez	Vive Dios,	
	que, aunque él estuviera ciego,	
	no se pusiera en los ojos	
	a tu tía por remedio.	
Lisardo	¿Yo, a tu tía?	
Margarita	Y preparada.	1280
Doña Francisca	Señor Lisardo, no vengo	
	a buscar en vos halagos	
	que satisfagan mi pecho.	
	Admitir satisfacciones	
	de agravios es otro riesgo,	1285
	pues solo es curarme el alma	
	para herírmela de nuevo.	
	Solo vengo a suplicaros	
	que os salgáis de casa luego,	

porque ya que os hallo ingrato 1290
no es bien que os vea grosero.
Enamorar a mis ojos
a mi tía, cuando tierno
os fingís conmigo, os hace
ingrato y mal caballero. 1295
Dos culpas son, y sufrirlas
no he de poder. Idos presto,
que por no sufrir el otro,
os perdono un desacierto:
El de ingrato a mí me ofende, 1300
ése os perdona mi pecho;
el de grosero os ultraja,
ése es el que ver no quiero.
Mirad vos lo que os estimo,
pues perdonándoos os dejo 1305
que os vais desagradecido,
por no veros desatento.
Ven, Margarita.

Lisardo ¡Señora,
espera, mi bien, mi dueño!
Sabe el cielo que te adoro, 1310
que te estimo y te venero.

Doña Francisca Él lo sabrá, mas yo no.

Lisardo Pues ¿cómo puede ser esto?
Si tú lo dudas, señora,
no puede saberlo el cielo. 1315
Escúchame.

Doña Francisca No he de oíros.

Lisardo	Óyeme, señora, y luego,
	si no quedas satisfecha,
	obedecerte pretendo.

Alférez	Ya está Lisardo perdido.	1320
	¡Que no sepa un majadero
	querer con comodidad,
	como yo! No sé qué tengo,
	que si cada tercer día
	no me mudo y me renuevo	1325
	el amor y la camisa,
	se me ensucian al momento.

| Doña Francisca | Mirad que saldrá mi tía. |

| Lisardo | Alférez, estad atento. |

Alférez	Yo me ofrezco a ser espía,	1330
	Pero, mientras hablan ellos,
	remólquenme esta fregata,
	que ya que espía me han hecho
	no quiero serlo perdida.

| Doña Francisca | Ve, Margarita. |

| Margarita | Esto quiero. | 1335 |

Lisardo	Si fue forzoso fingir
	para salir del empeño,
	que la amaba y ella al punto
	me propuso el casamiento,
	¿cómo pude yo excusarlo?	1340
	Este engaño ha de ser medio
	con que nuestro amor los dos

	mejor vamos disponiendo.	
Doña Francisca	¿Cómo ha de ser?	
Lisardo	Desta suerte.	
Alférez	¿Que no crees que te quiero?	1345
Margarita	Pienso que de mí haces burla.	
Alférez	Miren si mi gusto es bueno. ¿Hay cosa como querer a quien me tiene respeto y que en tenerla yo amor piensa que la favorezco? Ven acá, ¿y qué harás de costa cada año, si eres mi empeño?	1350
Margarita	Esto con un calzadillo, tal vez unos lazos nuevos, y esto, muy de tarde en tarde, unos guantes, los del tiempo, la gargantilla de vidr[i.]o; y con eso me contento.	1355
Alférez	¿Y por eso me querrás?	1360
Margarita	Me colgaré de tu cuello.	
Alférez	Ahorcado tal barato.	
Doña Francisca	Si excusar el casamiento me prometes, a sufrir que finjas amor me ofrezco.	1365

Lisardo	Yo te doy palabra y mano de ser tuyo a un mismo tiempo.
Doña Francisca	Y yo de esposo la admito.
Alférez	Pues la mano se dan ellos, dámela también.
Margarita	Si haré. 1370 Alférez toca esos huesos, que yo seré la bandera.

(Sale la viuda al paño.)

Viuda	¿Qué es lo que miro? ¿Qué veo? Desafío es mano a mano.
Alférez	¡Hola, la tía! Al remedio: 1375 esta raya os significa inclinada por extremo a beber; y en el beber habéis de tener un riesgo.
Margarita	Bien decís, y éste es el trago 1380 que me amenaza.
Lisardo	Convento significa aquesta raya. Que habéis de ser monja es cierto.
Doña Francisca	Vos me dais muy buenas nuevas porque eso es lo que deseo; 1385 que yo estoy también hallada

	con este recogimiento	
	en que me tiene mi tía,	
	que ésa es la elección que tengo.	
Viuda	¿Qué es eso?	
Alférez	Curiosidades	1390
	que allá en Flandes aprendemos.	
Viuda	¿En Flandes saben de manos?	
Alférez	Pues ¿ahora dudáis eso?	
	Sin saber quiromancia,	
	no puede uno ser sargento.	1395
Viuda	¿Y ha de ser monja Frazquita?	
Lisardo	Tres señales tiene dello.	
Viuda	Cierto que le está muy bien;	
	que hay tan malos casamientos,	
	que es una muerte un marido.	1400
Doña Francisca	Sí, señora, mas yo pienso	
	que tú no temes morirte.	
Viuda	Vivo bien y no lo temo.	
	¡Ea! Entraos a hacer labor.	
	Que aunque sea tan honesto,	1405
	parecen mal las doncellas	
	con los hombres.	
Margarita	Eso es cierto,	
	pero también las viudas.	

Viuda	¿Quién os mete a vos en eso?
Doña Francisca	Tiene razón Margarita; 1410 que tú te quedas con ellos y sabe Dios la que tiene más malicia en el intento.
Viuda	Pues ¿qué malicia, atrevida? ¡Ea!, entraos allá dentro. 1415 No me hagáis descomponer.
Doña Francisca (Vanse.)	No hagas tal, ya nos iremos; que a quien trata de ser novia descomponerla es gran yerro.
Viuda	¿Qué es lo que dices, Francisca? 1420
Lisardo	Si tratas del casamiento tan en público que envías por el notario, ¿qué exceso hace en decírtelo ella?
Viuda	Pues dígalo; que hoy intento 1425 desposarme, si es posible; que todo lo hace el dinero y el nuncio. Tú, dueño mío, ¿no irás luego a disponerlo? ¿Qué es lo que dices, querido? 1430
Alférez (Aparte.)	(¡Voto a Dios que pierdo el seso! ¡Que haya hombre que oiga a una dueña amores, sin que primero vaya a meterse ermitaño!)

Lisardo	Señora, por ti te advierto	1435
	que, sin que hayas dado estado	
	a tu sobrina, es gran yerro	
	publicar que tú te casas.	

Viuda	Casémonos de secreto.	
	¿Hay más de que no lo sepa?	1440

Lisardo	Tú me apri[e.]tas tanto en eso,	
	que es forzoso, aunque lo sienta,	
	que te declare el secreto.	

Viuda   ¿Qué secreto?

Lisardo	Que los dos	
	ser casados no podemos.	1445
	En la carta de tu hermano	
	¿no dice que yo le debo	
	más que mucha obligación?	

Viuda   Pues bien, ¿qué se infiere de eso?

Lisardo	Señora, yo vine aquí	1450
	por un intento encubierto	
	que ya se ha desvanecido	
	y declarártelo puedo:	
	yo soy hijo de tu hermano,	
	que allá en sus años primeros	1455
	me tuvo en madama Blanca,	
	que en todo el país flamenco	
	no hubo dama más hermosa.	

Alférez (Aparte.)   (¡Vive Dios, que halló remedio!)

Viuda	Pues ¿esto es inconveniente,	1460
	sobrino? Ahora te quiero	
	mucho más. Dame los brazos	
	por nueva que tanto aprecio;	
	que eso lo hacen mil ducados	
	de dispensación.	
Alférez (Aparte.)	(¡Laus Deo!	1465
	Miren que presto saltó	
	el foso del parentesco.)	
Lisardo	Señora, ese inconveniente	
	no es el mayor que yo tengo.	
Viuda	Pues ¿hay otro?	
Lisardo	Sí, y mayor:	1470
	ya sabréis lo que yo debo	
	a Aguirre, que el ser mi alférez	
	en su amistad es lo menos,	
	y aseguro que en Vizcaya	
	su sangre es la de más precio:	1475
	él me ha dicho que de ver	
	vuestra gracia, vuestro aseo,	
	se ha enamorado de vos.	
Alférez (Aparte.)	(¿Qué es lo que escucho? ¡Esto es bueno!	
	Hombre ¿has perdido el sentido?)	1480
Lisardo	Esto, señora, es lo cierto	
	y el mayor inconveniente,	
	porque yo tanto le quiero	
	que solo por él hiciera	

	la fineza de perderos.	1485
	Pero solo me consuela	
	lo que mejoráis en esto.	
	Mirad qué talle y qué brío,	
	qué bizarría, qué aliento.	
Alférez (Aparte.)	(¿Está borracho Lisardo?)	1490
Lisardo	Y es tan grande caballero	
	como yo, aunque por mi madre	
	del conde Curcio desciendo.	
Alférez (Aparte.)	(Señores, si ella lo cree	
	de aquí me he de ir al infierno,	1495
	antes que oírla un: «bien mío».)	
Viuda	Alférez, pues ¿cómo es esto?	
	¿Vos me queréis?	
Alférez	No señora,	
	yo, ni por el pensamiento.	
Lisardo [Al alférez.]	(Fingildo amigo.)	
Alférez [A Lisado.]	(¿Estáis loco?)	1500
Lisardo [Al alférez.]	(Fingildo por mí.)	
Alférez [A Lisado.]	(No puedo.)	
Lisardo [Al alférez.]	(Mirad que me dais la vida.)	
Alférez [A Lisado.]	(¡Vive Cristo, que no quiero!)	

Lisardo	Señora, él, de buen amigo,
	lo recata, más es cierto 1505
	que yo le hago gran pesar.
Viuda	Alférez, ¿que decís desto?
Alférez	Señora, yo os vi sin tocas
	y me enamoré, mas luego
	se me fue el amor al punto 1510
	que con tocas volví a veros.
Viuda	Pues si esto es ansí, ¿qué quieres?
Lisardo	Si él no da licencia dello,
	yo no le he de hacer pesar,
	que sé que lo está encubriendo. 1515
Alférez	Yo no encubro tal, señora,
	licencia doy al momento.
Viuda	Pues sobrino, ¿qué más quieres?
Lisardo (Aparte.)	(Ello, aquí no hay más remedio
	que de la dispensación 1520
	me valga el plazo, si es cierto
	que lo permite el alférez.)
	Señora, luego al momento
	por dispensación se envíe.
Viuda	Pues dame los brazos luego 1525
	y no me los regatees.
Lisardo	Y el alma también con ellos.

(Salen doña Francisca y Margarita.)

Doña Francisca	Ya voy, señora, ¿qué quieres?
	Pero, ¡qué es esto que veo!
	Señor Lisardo, pues ¿vos, 1530
	con mi tía descompuesto?
	¿Y aun por eso me llamabas?
	¡Es muy grande atrevimiento!
Margarita	Y muy gran bellaquería
	y muy atrevido exceso 1535
	abrazar a mi señora,
	que es de virtud un ejemplo,
	y nos enseña a nosotras
	el recato que tenemos.
Viuda	¿Qué es lo que dices, Francisca? 1540
	Esto no es atrevimiento,
	que Lisardo es mi sobrino
	y le he abrazado por eso.
Doña Francisca	¡Jesús!, ¿sobrino? ¿qué dices?
	¿Eso, señora, hay de nuevo? 1545
	Pues si por tía le abrazas
	por prima también yo puedo.
Viuda	¡Detente! No puedes tal,
	que no es tanto el parentesco
	que dispensación no quepa. 1550
Doña Francisca	¿Tú la tendrás, según eso?
Viuda	Yo, ¿de qué la he de tener?

Doña Francisca	O la tienes o, a lo menos,
	querrás enviar por ella.

Viuda	Ya has escuchado el concierto.	1555

Margarita	Eso, por aquel resquicio.

Viuda	Pues es verdad. ¿Qué tenemos?
	¿No me puedo yo casar?

Doña Francisca	Sí puedes, pero con esto	
	sabré que tus recatos,	1560
	tus voces y tus encierros,	
	tus riñas y tus enojos,	
	no son por mis galanteos	
	sino porque no son tuyos	
	los galanes que yo tengo.	1565
	Yo te tenía por piedra,	
	mas ya que mujer te veo,	
	también lo he de ser, que soy	
	más niña yo para serlo.	
	Tú que me estás predicando	1570
	que sea monja, ¿este ejemplo	
	me das? Pues yo te le admito	
	y pido el mismo convento,	
	que es una muerte un marido,	
	dices, y a morir te has vuelto.	1575
	O el morirse no es muy malo	
	o es el marido muy bueno.	
	Tú que lo sabes te casas,	
	¿y me predicas el riesgo?	
	¿Quieres que en mí sea temor	1580
	lo que en ti no es escarmiento?	
	¿Cómo he de creer yo las ansias,	

que siempre me estás diciendo
que pasabas con tu esposo,
si aquí las buscas de nuevo? 1585
«¡Qué vida tan trabajosa
pasé con mi esposo muerto!»
¡Válgate Dios por trabajo,
que al gusto deja deseos!
Si tú vuelves a esta vida, 1590
sin duda hay algún contento
que es mayor que sus trabajos,
pues tú atropellas por ellos.
Pues, tía, yo he de casarme,
que ya por saber me muero 1595
un mal que ponderas tanto
y un gusto que le hace menos.
Y si preguntas por qué
en tal peligro me meto,
respóndete tú, que yo 1600
te tomo aquí el argumento.
Quien la culpa que condena
comete, pague mi yerro
o absuélvale, pues por mí
le cometió en el ejemplo. 1605
Y habiendo yo de casarme,
esto es lo peor, te advierto
que si quieres a Lisardo
nos encontramos en eso.
Yo también le quiero, tía. 1610
Y si entrambas le queremos,
tú le querrás por tu gusto,
mas yo por mi honor le quiero;
que no soy yo tan liviana
ni mi honor tan poco precio, 1615
que a quien no fuera mi esposo

diera entrada en mi aposento.
Él me ha dado la palabra,
mira lo que haces en esto,
porque yo tengo testigos   1620
y ha de cumplírmela luego.

(Vase.)

Viuda	¿Qué es lo que dices Francisca?
	Margarita, ¿qué es aquesto?
Margarita	Yo, señora, soy testigo,
	y lo juraré a su tiempo. 1625
Viuda	¿Tú testigo? ¿Tú lo has visto?
Margarita	Con estos ojos, no menos,
	que se han de comer la tierra.
Viuda	¿Tú has de hacer tal juramento?
	Lo contrario has de jurar. 1630
Margarita	¿Yo he de jurar falso? ¡Arredro!
	¿Y el alma, señora mía?
	Pues ¿no sabes que hay infierno?
Viuda	¿Qué es infierno?
Margarita	Donde hay tías.
Viuda	Sobrino, ¿es aquesto cierto? 1635
Lisardo	Yo, señora...

Margarita	Yo, testigo, y lo juraré a su tiempo.

(Vase.)

Viuda	¿Qué es esto, Lisardo? Alférez, hablad, ¿de qué estáis suspenso?	
Alférez	Yo soy testigo también, y lo juraré a su tiempo.	1640

(Vase.)

Viuda	¿Qué es lo que escucho? Lisardo, idos de casa al momento. Idos, no deis ocasión que a mis parientes y deudos dé cuenta desta traición y os hagan pedazos luego.	1645
Lisardo (Aparte.)	(Esto es peor, ¡vive Cristo!, porque con esto perdemos comodidad y regalo, sin saber dónde tenerlo. Y de malograr mi amor me pongo a evidente riesgo, si ella avisa a sus parientes. Engañarla es el remedio.)	1650 1655
Viuda	¿Qué esperáis aquí, Lisardo?	
Lisardo	Señora, el sentido pierdo viendo tan gran falsedad, cuando yo solo soy vuestro.	

Viuda	¡Qué decís!
Lisardo	Que esto os afirmo. 1660
Viuda	Pues ¿quién mueve este embeleco?
Lisardo	¿Cómo he de saberlo yo, señora? ¡Viven los cielos, que es engaño! Pues ¿por qué queréis que finja que os quiero 1665 si no fuera la verdad?
Viuda	Pues si es solo atrevimiento de mi sobrina enojada porque casarla no quiero, sobrino, ven al instante, 1670 y llevarás el dinero para la dispensación. Y como mi esposo y dueño, desta casa en su desorden pon al instante remedio. 1675
Lisardo	Remedio y castigo y todo.
Viuda	Pues entra luego por ello.

(Sale Chichón llorando.)

Chichón	¡Ay de mí! ¡Ay, pobre Chichón!, que vengo ya medio muerto. ¡Oh, lleve el diablo la vida 1680 que me envió a tal enredo!

Viuda	¿Qué es eso Chichón? ¿Qué trae?
Chichón	¡Ay señora!, muerto vengo:
	fui a la audiencia del Vicario,
	que es en un patio tan lleno 1685
	de mesas, con tanta gente
	y tantos gritos entre ellos.
	Llegué a una, donde unos mozos
	allí estaban escribiendo
	y, con mucha cortesía, 1690
	dije, quitado el sombrero:
	«¿Quién es aquí perdulario
	para hacer un casamiento?»
	Y apenas tal hube dicho,
	cuando conmigo embistieron 1695
	y, a puñadas y patadas,
	me reventaron el cuerpo.
Viuda	¿Qué dice, Chichón?
Chichón	Señora,
	no soy Chichón, que antes vengo
	todo lleno de chichones. 1700
	Mire usté, que bien viene esto
	con decirme a mí mi padre
	que tener hijos no puedo,
	si traigo aquí más de treinta
	chichoncitos.
Viuda	¡Que tan necio 1705
	sea que olvide un recado!
Chichón	¡Ay, señora!, que no es eso.

Viuda	¡Que sea tan mentecato,	
	que a nada enviarle puedo,	
	que en vano siempre no sea!	1710
Chichón	Pues ahora en vano no vengo.	
Viuda	Pues ¿qué ha hecho?	
Chichón	Que aquí traigo	
	dos papeles que me dieron	
	para Frazquita.	
Lisardo	¿Qué dices?	
Chichón	Pus ¿qué manda? Eso es muy bueno.	1715
	¿Quiere usted saber acaso	
	lo que a la otra escribieron?	
Lisardo	Suelta, necio.	
Chichón	No haré tal,	
	que me lo han dado en secreto.	
Lisardo	¿Quién te dio aquestos papeles?	1720
Chichón	Ahí lo verán en ellos:	
	el letrado y don Martín.	
Viuda	Léelos.	
Lisardo	Eso pretendo.	
Chichón	Señores, miren lo que hacen,	
	que sabe más que Galeno	1725

	el letrado y nos podrá	
	poner dempués algún pleito,	
	que nos cueste nuestra hacienda.	

Lisardo

Del letrado es el que leo.

Viuda

¿Viose tan gran desvergüenza? 1730

Chichón

Mire usté si bien le advierto:
¡tome los tiestos que sabe!

Lisardo

El de don Martín ver quiero.

(Lee.)

«Señora, muy congojado estoy de lo mucho que ha que no os doy palabra de casamiento. Tres cédulas os he enviado y, por si el término dellas se ha acabado, le prorrogo en ésta. Digo yo, don Martín de Herrera, regidor que fui de la Villa de Arnedo, que doy palabra de casarme con doña Francisca Maldonado a su voluntad, a quien debo estas finezas por tantas de contado. Y así lo juro a Dios y a ésta más. Don Martín de Herrera, regidor de Arnedo.»

Viuda

Lisardo, ¿qué es lo que dices?
¿Que a tales atrevimientos, 1735
ocasión dé mi sobrin[a.]?
Ya a ti te toca el empeño.

Lisardo

Yo pondré remedio en todo
y castigaré este exceso.

Viuda

Y él, Chichón, ¿es alcahuete? 1740

Chichón

¿Alcahuete? ¡Santos cielos!

Alcahuete me ha llamado
a mí, que un hermano tengo
que va a caballo delante
del rey.

Viuda	Pues ¿qué es?	
Chichón	Su cochero,	1745
	y tengo dos primos yo	
	sacristanes en Oviedo.	
	¿Yo, alcahuete? ¡Jesucristo!	
	Págueme usté mi dinero,	
	que no quiero estar en casa.	1750
Viuda	¿Qué dice?	
Chichón	Lo que la cuento:	
	Yo, ¿deshonrar mi linaje?	
Lisardo	Él no tiene culpa dello.	
Chichón	Sepa su mercé que soy	
	más hidalgo que un torrezno.	1755
	Y si fue bruja mi madre,	
	no tuve yo culpa dello;	
	que ya por eso en Logroño	
	la dieron su salmorejo.	
	No he de parar más en casa.	1760
Lisardo	Sosiéguese, que el remedio	
	pondré yo en quien tiene culpa.	
Chichón	No hay que tratar. Esto es hecho.	
	¡A mí me llama alcahuete	

	que soy Chichón de Barrientos,	1765
	de Gil de Barrientos hijo,	
	de Laín Laínez nieto,	
	bisnieto de Sancho Sánchez,	
	y chozno de Méndez Mendo!	
	Eso como el A, B, C	1770
	sé yo todos mis abuelos.	

Viuda   Ven al momento, sobrino,
y luego lleva el dinero
y mira por nuestro honor,
pues ya el de todos es nuestro.   1775

Lisardo   Vamos, pues, señora.

Viuda   Vamos.

Lisardo   ¿Mil ducados?
(Aparte.)   (Tomarelos,
que ellos servirán de ayuda
para lograr mis intentos.)

Chichón   ¿A mí, alcahuete? ¡A mí!, teniendo abuelos   1780
en la garganta, ¡cielos!
Toda la honra se me ha hecho un nudo,
y aquí me temo ahogar si no estornudo.
En un libro leí los otros días,
que hay un viejo, que llaman Matatías;   1785
pues Chichón luego de buscarle trata
y si le hallo, sabré a cómo las mata;
que quiero por honor de mis pasados,
vengarme, aunque las mate a cien ducados.
Porque ya ha anochecido y hace lodos   1790
no le voy a buscar, mas si los codos

de hambre me sé comer, he de buscalle.
Piensa que lo ha con bobos, pero calle;
ello no hay mata-tías o gran viejo.
A todo el mundo hará gran beneficio.   1795
No tiene el rey que dar mejor oficio.
Pero en la sala pasos he sentido.
No puedo ver quién es, que ha escurecido.

(Sale el licenciado Celedón.)

Celedón	Del papel vengo a ver si hallo respuesta,
	que me ha costado hoy toda la siesta 1800
	de estudio, porque fuese bien escrito.
Chichón	¿Quién va?
Celedón	Chichón, amigo.
Chichón (Aparte.)	(El letradito)
Celedón	¿Qué hay del papel?
Chichón (Aparte.)	(¡Ay Dios!, ¿si hará prenderme
	en sabiendo lo que hay? No sé qué hacerme.)
Celedón	¿Qué dices?
Chichón	Me costó mil embarazos. 1805
Celedón	¿Cómo?
Chichón	La tía le ha hecho mil pedazos.
Celedón	Pues, ¿cómo tú el secreto has revelado?

Chichón	¿Revelar? Sepa usté, señor letrado,
	que yo soy más leal sin duda alguna,
	que el paje de don Álvaro de Luna. 1810
Celedón	Ya lo sé yo.
Chichón	La tía lo ha rompido
	y me llamó alcahuete.
Celedón	¿Que eso ha habido?
Chichón	¿Quiere usted ordenarme una querella
	para el juez Matatías, contra ella?

(Sale don Martín.)

Don Martín	Mientras es hora de otro galanteo, 1815
	vengo a ver si se logra mi deseo
	con el papel; que a tantas que prometo
	casamiento, en alguna tendrá efecto.
Chichón	¡Ay señor!, grande mal, si es el soldado.
Celedón	¿Qué he de hacer?
Chichón	Esconderos a este lado. 1820

(Escóndese.)

Celedón	Sácame de aquí presto, hombre del diablo.
Chichón	Yo os sacaré, ¿quién va?

Don Martín	Yo soy.
Chichón	¡San Pablo!
	¿A qué viene, señor? Gran mal sospecho.
	¿No sabe el caldo que el papel ha hecho?
Don Martín	¿Qué caldo?
Chichón	De alcaparras; 1825
	váyase, no tengamos la de marras.

(Dentro.)

Viuda	¡Hola, Chichón!
Don Martín	¿Quién es?
Chichón	¡Santa María!
Don Martín	¿Es el soldado?
Chichón	No, sino la tía,
	que es peor que soldado y bandolero.
	Mira que viene.
Don Martín	Aquí esconderme quiero. 1830
Chichón	¿Adónde va?
Don Martín	A esconderme.
Chichón	En otro nido,
	que en ese está otro pájaro escondido.

(Escóndese a otro lado.)

(Sale.)

Viuda	Chichón, ¿qué es esto? ¿Con quién habla ahora?
Chichón	Rezo mis devuciones, que ya es hora.
Viuda	Yo he sentido aquí pasos de otra planta. 1835
Chichón	¿Pasos ahora? ¿Es ya Semana Santa?
Viuda	Yo pasos he sentido y visto un bulto.
Chichón	Pus, eso es la verdad, que se me ha hinchado no sé qué y tengo un bulto en este lado.
Viuda	Sacad luces, Francisca, Margarita, 1840 sobrino, ¡hola!
Chichón (Aparte.)	(Tu luenga sea maldita.) ¿Qué hace señora? Calle, no le llame, que topará con ellos.
Viuda	¿Cómo?, ¡Infame! ¡Francisca, Margarita!

(Salen doña Francisca, Margarita, Lisardo y el alférez.)

Doña Francisca	¿Qué nos quieres?
Lisardo	¿Qué das voces, señora?
Viuda	Pues, ¿no infieres 1845

	el riesgo de mi voz? Aquí he sentido	
	un hombre con Chichón, y está escondido.	
Chichón	Señores, que se engaña y percipita,	
	que son dos, por aquesta cruz bendita.	
Viuda	¿Qué es lo que dices, simple?	
Chichón	Aquí está el uno.	1850

(Saca al letrado.)

Celedón	¿Qué haces, tonto?	
Chichón	No sea usté emportuno.	
Viuda	¡Qué es lo que miro! ¡En mi casa	
	un hombre escondido está!	
	Sobrino, a tu honor le importa,	
	este hombre se ha de casar	1855
	con mi sobrina al instante.	
Lisardo (Aparte.)	(No me faltaba a mí más.)	
Doña Francisca	¿Qué es lo que dices, señora?	
Viuda	Contigo se ha de casar.	
Margarita (Aparte.)	(Válgate el diablo por tía,	1860
	fondo en suegra.)	
Celedón	Esto me está	
	muy bien a mí. Está es mi mano.	

Chichón	Téngase, que hay mayor mal, que no se remedia nada con eso.
Viuda	¿Hay tal necedad? 1865 ¿Qué es lo que dices, simplón?
Chichón	Pues el otro, que allí está, ¿hase de casar conmigo?
Lisardo	¿Otro hombre escondido hay?
Chichón	Sí, señor. Vele usté aquí. 1870
Don Martín	¡Calla!, hombre de Satanás.
Chichón	Calle él, con dos mil diablos, que tiene por qué callar.

(Saca al don Martín.)

Viuda	¡Qué es lo que miro! Sobrino, nuestro honor perdido está, 1875 si uno dellos no se casa.
Lisardo	Bueno.
Alférez	¿Qué llama casar? Lisardo, mueran entrambos.
Viuda	Alférez, mi honor mirad, que eso es hacer más mi afrenta. 1880
Margarita (Aparte.)	(¡Que haga esta tía infernal

el viejo de la comedia!)

Don Martín	Para mi dicha será darla al instante la mano.	
Celedón	Darla yo os importa más, que es dicha mía, y aun suya.	1885
Viuda	Lisardo, escoge tú cuál, porque, de los dos, el uno casado aquí ha de quedar.	
Doña Francisca	[A Lisardo.] (Mira lo que haces, Lisardo.)	1890
Lisardo (Aparte.)	(Ansí lo quiero estorbar.) El que fuere de los dos de más méritos capaz, se ha de casar con mi prima.	
Celedón	¿Pues en esto hay que dudar? Yo he sido de San Glemente alcalde mayor; de más de que yo entré aquí primero, como este hombre lo dirá. Y la ley prima occupanti, por derecho me la da.	1895 1900
Don Martín	¿Qué ley? ¿Pues un licenciado se quiere ahora igualar con un regidor de Arnedo?	
Celedón	¿Cómo regidor? ¿No es más un grado de bacalauro?	1905

Chichón	El grado de bacallao no es más, sino mucho menos.
Alférez	El remedio que aquí hay es que salgan a campaña, y al que allí valiere más, le deis a vuestra sobrina.
Don Martín (Vase.)	Yo lo aceto. Salga ya, tome armas, seor licenciado, que yo le espero en San Blas.
Viuda	Alférez, ¿qué es lo que hacéis?
Lisardo	Esto es más autoridad de nuestro honor. Bien ha dicho. Licenciado, ¿qué esperáis?
Celedón	Señor, yo reñir no quiero, que vengo a casarme en paz.
Alférez	¿Cómo no? Viven los cielos, que lo habéis de pelear, o se la han de dar al otro.
Celedón	Dénsela con Barrabás, que yo no quiero reñir.
Lisardo	¿No veis que infame quedáis?
Celedón	Señor mío, ¿no hay aquí tomallo u dejallo? Mas, yo no he menester mujer

1910

1915

1920

1925

1930

93

	que la haya de sustentar	
	con la espada y la comida.	
Viuda	Dicen bien, y pues se va	
	el otro, éste no se ha de ir	
	sin casarse.	
Doña Francisca	Eso será	1935
	si quiero yo, y con ninguno	
	de los dos me he de casar.	
Lisardo	¿Cómo no? ¡Viven los cielos,	
	que la mano habéis de dar	
	al que de los dos venciere!	1940
	Licenciado, ¿qué aguardáis?	
Celedón	Yo me voy, mas no a reñir.	
Lisardo	Pues, ¿dónde os vais?	
Celedón (Vase.)	A cenar.	
Viuda	¿Qué es esto, Lisardo? ¿Cómo	
	entrambos a dos se van	1945
	sin casarse? Pues, ¿mi honor?	
Lisardo	Eso a mí me importa más.	
Viuda	¿Cómo importar? Detenelde,	
	alférez, que esto es quedar	
	toda mi casa sin honra.	1950
Lisardo	Deteneos. ¿Dónde vais?	

Viuda	No le detengáis.
Lisardo	Si quiero yo a mi prima, ¿le he de dar a quien rehusa un desafío?
Viuda	Pues vos, ¿cómo ansí me habláis?

1955

Lisardo	Porque el honor de mi prima es mío, y me importa más a mí que a vos. Y porque yo soy vuestro esposo ya, y a quien los daños de casa toca solo remediar, y vos no habéis de tener más duelo que yo. ¡Ea!, entrad a cuidar de lo que os toca dentro de casa, que acá yo sabré lo que me importa.

1960

1965

Viuda	Pues, ¿cómo ansí me tratáis?
Lisardo	¿No soy vuestro esposo?
Viuda	Sí.
Lisardo	Pues, ¿por qué no he de mandar a mi mujer?
Viuda	Es razón.

1970

Lisardo	Pues entraos. ¿Qué esperáis?
Viuda	Ya os obedezco, marido.

Oigan, de fuera vendrá
quien nos echará de casa.

(Vase.)

Doña Francisca	¿Cómo? ¡Ingrato, desleal! ¿Tú marido de mi tía?	1975
Lisardo	Sí, señora, ¿lo dudáis? Y vos de quien yo quisiere lo habéis de ser.	
Doña Francisca	Eso es más.	
Lisardo	Entraos vos también adentro.	1980
Margarita	¿A mí señora tratáis dese modo?	
Alférez	¿Quién la mete a ella aquí? Vaya a fregar y a prevenirnos la cena, que Lisardo es su amo ya, si fue huésped hasta aquí.	1985
Margarita	Bueno, de fuera vendrá quien nos echará de casa.	

(Vase.)

Chichón	¿Pues desa suerte tratáis a mi mujer?	
Alférez	¿Qué mujer?	1990

Chichón	Margarita, que lo es ya,	
	que ya no quiero ser virgen,	
	sino mártir; y mirad	
	que es mi esposa.	
Alférez	Y vos también	
	idos al punto a limpiar	1995
	la caballeriza.	
Chichón	¿Yo?	
Alférez	Sí, vos.	
Chichón	De fuera vendrá	
	quien nos echará de casa.	
(Vase.)		
Lisardo (Aparte.)	(Esto lo acredita más.)	
	Alférez, a mis criados	2000
	vos no mandéis ni riñáis.	
	Idos de aquí.	
Alférez	¿Yo también?	
Lisardo	Vos también.	
Alférez	Pues el refrán	
	también se hizo para mí.	
Doña Francisca	Dueño esquivo de mi mal,	2005
	¿qué es esto? Con tal traición	
	tú me has venido a engañar.	

Tú te casas con mi tía.

Lisardo	Mi bien, yo no intento tal.	
	Saben los cielos divinos	2010
	que tú sola la deidad	
	eres que el alma venera.	

Doña Francisca   Pues, ¿qué es esto?

Lisardo   Dar lugar
a que nuestro amor se logre.

Doña Francisca	Pues, ¿cómo tomado has	2015
	para la dispensación	
	mil ducados?	

Lisardo   Para dar
más logro al intento mío
con ese engaño, y verás
cómo luego en una joya   2024
te los vuelvo.

Doña Francisca   No hagas tal,
deja joyas. La firmeza
solo de tu amor me da.

Lisardo   Esa en el alma la tienes.

Doña Francisca   ¡Ay, Lisardo!, ¿eso es verdad?   2025

Lisardo   Pues, ¿tú la dudas?

Doña Francisca   La temo.

Lisardo	Tuyo soy.
Doña Francisca	Dicha será pues con eso.
Lisardo	¿Qué pretendes?
Doña Francisca	Los pensamientos, que están tristes en mi corazón, 2030 a los alegres, que ya entran en él, dirán luego.
Lisardo	¿Cómo?
Doña Francisca	De fuera vendrá quien de casa nos echará.

Fin de la segunda jornada

Jornada tercera

(Salen el Alférez y Lisardo.)

Alférez	Lisardo, viven los cielos,	2035
	que toda la casa está	
	en un puño.	
Lisardo	Mando ya	
	como dueño.	
Alférez	El fingir celos	
	de la tía, no me plugo,	
	ni os lo he de poder llevar.	2040
Lisardo	¿Por qué?	
Alférez	Lo mismo es pagar	
	los azotes el verdugo.	
Lisardo	Eso, amigo, es necesario	
	hasta lograr mi pretexto.	
	Con el dinero he dispuesto	2045
	sacarla por el vicario,	
	que otro medio no consiente,	
	doña Francisca a mi amor,	
	porque éste para su honor	
	le parece el más decente.	2050
	Y ansí, ahora, vos es preciso	
	que, pues todo está cabal,	
	vais a llamar al fiscal,	
	que está esperando mi aviso.	
Alférez	Yo iré, mas me desatina	2055

la tía. Pues ya sois dueño,
fingilde el amor con ceño
y echaldo ya a la mohína.

Lisardo   Andad, que el tema os celebro.

Alférez   Pues mirad.

Lisardo   ¿Qué he de mirar?   2060

Alférez   Que os he de desafiar
si la decís un requiebro.
Ansí el mandar os señalo.

Lisardo   ¿Que mande tanto queréis?

Alférez   Sí, amigo, por si podéis   2065
tras el mando, iros al palo.

(Vase.)

(Sale Chichón.)

Chichón   ¡Tanto esperar con tal frío!
Ya mi paciencia condeno.
No hay mal sin algo de bueno.
Esto está bien a un judío.   2070

Lisardo   Chichón, ¿qué es eso?

Chichón   En ponerse
para salir, mi[s.] señoras,
un manto, ha que están dos horas.
No tarda tanto en tejerse.

Lisardo	¿Salir?
Chichón	Salir, sí, señor. 2075
Lisardo	¿Dónde?
Chichón	No lo sé, en conciencia.
Lisardo	Pues, ¿cómo sin mi licencia?
Chichón	¿Es usté el padre prior?
Lisardo	Soy el dueño desta acción,
	y él, si antes no me avisa, 2080
	no ha de ir con ellas ni a misa.
Chichón	Tiene usté mucha razón.
	A misa es bien que repare,
	que ir sin licencia es error;
	pero a la calle Mayor, 2085
	cuando se las antojare.
Lisardo	No han de ir sin esa atención
	ni aun a sermón, si eso pasa.
Chichón	Pues, si usté predica en casa,
	¿para qué han de ir a sermón? 2090
Lisardo	A esto el ser dueño me empeña.
Chichón	Dueño es usté, pues las ciñe;
	pero, según lo que riñe,
	no parece sino dueña.

103

Lisardo	Deje la capa, que no	2095
	ha de ir con ellos agora.	
Chichón	¿Y si riñe mi señora?	
Lisardo	No hay más señora que yo.	
Chichón	¡Hola!, par Dios, que lo crea.	
Lisardo	Quite la capa o, sino,	2100
	iré a quitársela yo.	
Chichón	Pues, ¿usté manda o capea?	
Lisardo	Solo a mí el mandarle toca.	
Chichón	Luego, ¿mi ama no lo es ya?	
Lisardo	No, sino yo.	
Chichón	Bien está,	2105
	mas póngase usté la toca.	
Lisardo	Éntrese adentro.	
Chichón	Sí haré,	
	mas, ¿qué?, ¿es mi señora en casa?	
	Explíqueme, si eso pasa,	
	este busilis, porque	2110
	mis obediencias se midan.	
Lisardo	Nada más que mi mujer.	

Chichón	Pues ella algo es.
Lisardo	¿Qué ha de ser?
Chichón	Digo yo que será un quidam.
Lisardo	Solo a mí obedezca en casa, 2115 que lo demás será exceso.
Chichón	Tenga usté cuenta con eso, que ahora verá lo que pasa.

(Salen doña Francisca, la viuda y Margarita, con mantos.)

Viuda	Frazquita no me amohínes. ¿Viose tardar tan molesto? 2120
Doña Francisca	Ya yo tengo el manto puesto.
Margarita	Y yo el manto y los chapines.
Viuda	Chichón, ¿no ve que le espero? Venga ya, que él es peor.
Chichón	¿Dónde?
Viuda	A la calle Mayor. 2125
Chichón	Váyase ella, que no quiero.
Viuda	¿Está loco?
Chichón	Ya es en vano, ni mandar ni obedecello.

Viuda	¿Qué habla?
Chichón	Hay orden para ello.
Viuda	¿Qué orden hay?
Chichón	La de Moyano.

2130

Viuda	Pues, ¿palabras tan osadas comigo ha de pronunciar?
Chichón	Señora mía, el mandar ya son cosas acabadas.
Viuda	¿Quién le ha dado esa osadía?

2135

Chichón	Yo.
Viuda	Pues sobrino, ¿qué es eso?
Lisardo	Poner modo en el exceso que hay en esta casa, tía. Que salga es mal consentido nadie ya sin mi licencia, porque hay mucha diferencia desde un sobrino a un marido. Y tú esta atención me estima, que va muy errado el modo y ha de haber enmienda en todo. Quítate ya el manto, prima.

2140

2145

Doña Francisca	Yo no soy la que lo mando. En vano a reñirme vienes.

Margarita	Bien haya el alma que tienes,
	que íbamos ya reventando.

2150

Viuda	¿Qué haces, Frazquita? ¿Esto pasa?
	¿Conmigo no han de venir?

Lisardo	Digo, que no han de salir
	sin mi licencia de casa.

Viuda	Bueno es que eso nos impidas.

2155

Lisardo	Bueno o malo, esto será.

Chichón	Dice bien. Éntrense allá,
	que son unas atrevidas.

Viuda	Pues, ¿salir es indecencia
	donde necesario es?

2160

Lisardo	No, mas ha de ser después
	de pedirme a mí licencia;
	que, si yo he de ser tu esposo,
	no quiero que mi mujer
	esté enseñada a tener
	el manto tan licencioso.

2165

Viuda	Pues, ¿esto me has de quitar?

Lisardo	Como marido lo impido.

Chichón	Pues, ¿con un señor marido
	se atreven a replicar?

2170

Viuda	Mi decoro a mí me abona, y donde quiera saldré.
Chichón	Calle ahí, quítela usté; que no sea respondona.
Viuda	Digo que yo he de salir.
	Niñas, no os quitéis los mantos, que no es cosa estos espantos para poderse sufrir. ¿Él me ha de ir a mí a la mano en que salga o no?
Chichón	Si hará.
Lisardo	Pues con eso vendrá ya la dispensación en vano, que yo a casarme no aguardo con mujer tan licenciosa.
Chichón	Bien dice, que es muy briosa.
Viuda	¿Que es lo que dices, Lisardo?
Lisardo	Que casarme no imagino.
Viuda	Quita presto, Margarita, quita el manto, quita, quita. Tiene razón mi sobrino.
	¡Jesús!, sobrino querido, no saldré de casa yo sin tu licencia, esto no. Lo primero es el marido y si tú gustas, esposo,

2175

2180

2185

2190

2195

me iré a la cueva.

Chichón (Aparte.) (Y lo creo.
Miren lo que hace un deseo
de boda libidinoso.)

Doña Francisca [A Margarita.]
(Margarita, lindo cuento.
¿No ves lo que ha sufrido?   2200
¡Que ella haga esto por marido,
y nos predique convento!)

Margarita [A doña Francisca.]
(Pues solo, señora mía,
della me he de ver vengada,
con que aunque sea casada   2205
siempre ha de quedarse tía.)

Viuda ¿Qué quieres?, que mi albedrío
solo en ti tiene su centro.

Lisardo Quiero que te entres adentro.

Viuda Al instante, dueño mío.   2210
Solo ya tu gusto espero,
que obedecerle es razón.
Venid muchachas, Chichón
entre conmigo.

Chichón No quiero.

Viuda ¿Cómo responde ese error?   2215

Chichón ¿Cómo no llega a entender

que solo he de obedecer
al marido, mi señor?

Lisardo   ¿Por qué no? Y a ella también.

Chichón   Anden y ténganse en esto: 2220
                 ¿Usté no me manda aquesto?

Lisardo   Para en casa no.

Chichón   Está bien,
                 pues, dentro de la clausura
                 mande usté hasta que no quiera,
                 porque en saliendo allá fuera   2225
                 se cierra la mandadura.

[Vanse.]

Doña Francisca   Esto, Lisardo, no es vida
                 para que sufrirse pueda.
                 Yo, del fingirte su esposo,
                 te revoco la licencia   2230
                 porque, aunque sea fingido,
                 tanto del marido juega,
                 que con el eco su labio
                 tira a mi oído una flecha.
                 Yo no he de ver que mi tía   2235
                 te enamore en mi presencia.
                 Y cuando yo atada el alma,
                 tenga ella libre la lengua.
                 Ella repite el marido
                 y tú de mujer la llenas;   2240
                 mi agravio el oído toca
                 tu amor el mío le piensa.

Pues, ¿cómo yo he de sufrillo?
¿Soy monja para que crea
satisfacciones mentales   2245
contra vocales ofensas?
No, Lisardo, no es posible,
porque no es equivalencia
que me quieras hacia dentro
y me agravies hacia fuera.   2250
¿Yo he de tocar mis heridas,
y quieres que esté contenta
de que hagas, para curarme,
por ensalmo las finezas?
No, señor. ¿Para qué es esto?   2255
¿Yo no hablé claro con ella?
Pues, ¿qué temes tú en mi tía?,
¿lo que mi temor desprecia?
¿Qué aguardas con tu silencio?
Lisardo mío, ¿qué esperas?   2260
¿Soy plaza sitiada yo,
para estar con esa flema?
¿Soy yo castillo de Flandes?
Y cuando acaso lo fuera,
si te doy la puerta yo,   2265
¿qué aguardas a la interpresa?
Declárate pues.

Lisardo   Detente,
doña Francisca, que dejas
corrida mi bizarrría
y injuriada mi fineza.   2270
¿No sabes que está dispuesto
que por el vicario vengan
a sacarte de tu casa,
con una cédula hecha

	de tu mano, en que mi esposa	2275
	prometes ser; y tu mesma	
	este medio has escogido	
	por ser de mayor decencia?	
	Esto está ya ejecutado,	
	y agora espero que vengan.	2280
	Pues, ¿qué te quejas de mí	
	si ejecuto lo que ordenas?	
Doña Francisca	Pues si está tan cerca el plazo,	
	¿para qué me das la pena	
	de llamarla siempre esposa?	2285
Margarita	Señora, eso se remedia	
	con una cosa muy fácil,	
	que a mí de paso me venga.	
Lisardo	Y ¿qué ha de ser?	
Margarita	No más desto;	
	que pues ella se refresca,	2290
	con lo esposa se lo quites,	
	y la llames tía a secas.	
Lisardo	Pues, ¿para qué ha de ser eso?	
Margarita	Lisardo véngame della:	
	véala yo llena de tía	2295
	de los pies a la cabeza.	
Lisardo	¿No es mejor fingir agora?	
Doña Francisca	Lisardo, tú me atormentas.	

Lisardo	¿No lo sufrirás dos horas?
Doña Francisca	¿Qué se aventura en su queja?

2300

Lisardo	Que se presuma el engaño.
Doña Francisca	Pues luego, ¿no ha de ser fuerza?
Lisardo	Cuando estés fuera no importa.
Doña Francisca	Y antes de eso, ¿qué se arriesga?
Lisardo	El que avise a sus parientes.

2305

Doña Francisca	Pues aunque todo se pierda no la has de llamar esposa.
Lisardo	Pues, ¿no ves que eso es quimera?
Doña Francisca	Me da pesar.
Lisardo	Es fingido.
Doña Francisca	Ello es susto.
Lisardo	No, es fineza.

2310

Doña Francisca	Pues no ha de ser.
Lisardo	¿Eso dices?

(Sale la Viuda.)

Viuda	¡Jesús!, ¿qué voces son éstas?

Lisardo	Cierto, tía, que mi prima
	porque de haberte reñido, 2315
	por sí ha tomado la queja,
	y está insufrible, por Dios.
Viuda	¿Quién la mete en eso a ella?
	Mi esposo puede reñirme,
	y hace muy bien, y en mí es deuda 2320
	obedecer a mi esposo,
	que su honor en esto cela,
	y a un esposo esto le toca.
Doña Francisca	Ya escampa, lo que esposea.
Margarita (Aparte.)	(Di que a cuenta de lo esposo 2325
	le dé una zurra muy buena,
	que porque no se le vaya,
	le ha de sufrir una vuelta.)
Lisardo	Esto, tía, es insufrible.
Viuda	Esposo, es grande indecencia, 2330
	que te riña mi sobrina.
	Pero todo se remedia
	con darla estado al instante.
Lisardo	Sí, tía, eso ha de ser fuerza.
Viuda	Dársela a don Martín quiero. 2335
Lisardo	Tía, si conviene, sea.
Viuda	Pues, esposo, háblale tú.

Lisardo	Tía, haré la diligencia.
Doña Francisca	[A Margarita.] (¿Viste tal tema de esposo?)
Margarita	[A doña Francisca.] (Calla, que eso se descuenta 2340 con las tías, que él la da: ten un poco de paciencia.)
Viuda	Pues ve a buscarle al momento, que no quiero que esto tenga más plazo que el de mañana. 2345
Lisardo	Sí, tía.
Viuda	Ese nombre deja, sobrino, que es mucha tía a quien ser tu esposa espera.
Lisardo	Pues, tía, ¿esto no es cariño?
Margarita (Aparte.)	(Eso sí, dale con ella.) 2350 Déjale tiar, señora.

(Sale el alférez.)

Alférez	Lisardo.
Lisardo	¿Qué cara es esa? Alférez, ¿qué ha sucedido?
Alférez	He tenido una pendencia.

Lisardo	¿Con quién? ¿Viene ya el fiscal?	2355
Alférez	Ya dello avisado queda, mas en vano.	
Lisardo	¿Qué decís?	
Alférez	Vos estáis con linda flema. Veníos conmigo al momento.	
Lisardo	Pues, ¿qué ha habido?	
Alférez	Una contienda.	2360
Lisardo	Pues ¿con quién?	
Alférez	Veníos luego, que yo os lo diré acá fuera.	
Lisardo	¿Qué es?	
Alférez	El diablo que me lleve; venid presto.	
Lisardo	¿Hay tal respuesta? Alférez, habladme claro.	2365
Alférez	¿Qué he de hablar? Mirad que llega.	
Lisardo	¿Quién es?	
Alférez	Don Luis Maldonado, que ahora de Flandes se apea,	

	y preguntando la casa, ya por esta calle entra.	2370
Lisardo	¿Habláis de veras?	
Alférez	Pues ¿quién darme a mi susto pudiera, sino un hermano de quien hijo os fingís en su ausencia?	
Lisardo	Pues ¿quién ahora le ha traído?	2375
Alférez	Algún diablo o un poeta que trae al paso apretado, el hermano a la comedia.	
Lisardo	¿Qué hemos de hacer?	
Alférez	El remedio en dos palabras se encierra.	2380
Lisardo	¿Que son?	
Alférez	Escurrir la bola, y presto, que pienso que entra.	
Lisardo	Señora, un amigo mío de Flandes agora llega, y irle a ver luego es forzoso.	2385
Viuda	Aguarda, sobrino, espera.	
Lisardo	No me puedo detener.	

Doña Francisca	¡Ay señora!, que es pendencia, llámale.	
Viuda	Sobrino, esposo.	
Lisardo	Tía, luego doy la buelta.	2390
Viuda	Escucha.	
Alférez	Vamos de aquí.	
Lisardo	Luego vuelvo.	
Alférez	Ved que espera.	
Lisardo	¡Adiós!	
Viuda	¡Lisardo!	
Doña Francisca	¡Lisardo!	
Alférez	A buen tiempo lisardean.	

(Vanse.)

(Sale Chichón.)

Chichón	¡Señora, señora, albricias!	2395
Viuda	¿De qué, Chichón?	
Chichón	Ésta es buena. Luego, ¿ya no le habéis visto?	

Viuda	¿A quién?
Chichón	¿Hay mayor pereza? Cierto que son descuidadas.
Viuda	¿Qué dice?
Chichón	¡Miren qué flema! 2400 ¡Que se estén unas mujeres en casa, y que hacer no tengan, y haya venido un hermano de Flandes y no lo sepan!
Viuda	Pues ¿cómo hemos de saberlo? 2405
Chichón	Pues en casa, tan compuestas, ¿qué hacen todo el santo día? ¿No es mejor que lo supieran que estar mano sobre mano?
Viuda	¿Mi hermano viene?
Chichón	¿Hay tal flema? 2410 Velo aquí, éstas son las cosas que me apuran la paciencia: Que se venga el buen señor harto de caminar leguas, que sabe Dios cómo trae 2415 las pobres asentaderas, y su merced se esté aquí sin saberlo.
Viuda	¿Qué me cuenta? ¿Mi hermano en Madrid?

Chichón	¡Ea, calle!,	
	que eso es no tener vergüenza,	2420
	cuando no fuera su hermano	
	sino un amigo siquiera,	
	era poca caridad.	
	Pues es decir como llega:	
	más gordo está que un prior	2425
	vestido de la flamenca,	
	que ahora llaman a la moda,	
	todo con botas y espuelas.	
	Y pienso que viene en coche.	
Viuda	¿Con espuelas en el coche entra?	2430
Chichón	Sí, para picar la almohada,	
	que no sabe usté esta treta,	
	pus si no andan las mulas.	
	Pero, aguárdense, que él llega.	
Viuda	¡Ay, cielos!, ¿si sentirá,	2435
	que su hijo mi esposo sea?	
Doña Francisca	¡Ay, Margarita! Mi tío	
	temo que a estorbarme venga	
	que con Lisardo me case.	
Margarita (Dentro.)	Calla, señora, no temas,	2440
	que él es a quien le está bien.	
Capitán	¡Ah de casa!	
Chichón	A estotra puerta,	
	que aquí están, señor.	

120

(Sale el capitán Maldonado con barba entrecana.)

Capitán	Hermana.
Viuda	Mil veces enhorabuena vengas, hermano querido. 2445
Capitán	Francisca, a abrazarme llega.
Doña Francisca	Y con muchos parabienes.
Margarita	Veamos si de mí se acuerda.
Capitán	Margarita, ¿no me abrazas?
Margarita	Estaba, señor, suspensa, 2450 por si de mí te acordabas, que con poquísima ausencia se olvidan las Margaritas.
Chichón	Es, señor, como una perla.
Capitán	Chichón, amigo.
Chichón	Señor, 2455 ¿que de mí tambien te acuerdas?
Capitán	Pues ¿no?
Chichón	No es, sino que tú tienes muy linda cabeza para chichones.

Viuda	Hermano,
	¿cómo en olvido lo dejas? 2460
	¿No preguntas por tu hijo?
Capitán	¿Por qué hijo?
Viuda	En vano lo celas,
	que ya él me ha dicho el secreto.
Capitán	¿Qué secreto?
Viuda	Pues ¿te pesa?
	ya sé que es tu hijo Lisardo. 2465
Capitán	¿Qué Lisardo?
Chichón	El que [n.]os echa
	a todos de nuestra casa,
	siendo el que vino de fuera.
	No se le parece a usté,
	aunque más su hijo sea, 2470
	que tiene mas condición
	que la tía y que una suegra.
	Más manda que un mayordomo.
Capitán	No es posible que os entienda
Doña Francisca	Tío, el capitán Lisardo, 2475
	¿no es mi primo, el que encomiendas
	a mi tía por tu carta?
Capitán	¿Qué primo? ¿Qué carta es ésta?
Viuda	Con el alférez Aguirre,

| | vino a mi casa a traella. | 2480 |

Capitán	Ese hombre es un capitán
	que de Flandes en la guerra
	sirvió y fue soldado mío
	y, al venirse, la encomienda
	le di de una carta mía,	2485
	por si algo se le ofreciera
	en que valerle pudieses.

| Viuda | Y ¿no me mandaste en ella, |
| | que le hospedase en mi casa? |

| Capitán | ¿Yo mandar tal indecencia? | 2490 |

| Viuda | Y ¿no es tu hijo? |

| Capitán | ¿Qué hijo? |

| Viuda | De aquella dama flamenca, |
| | que llaman madama Blanca. |

Capitán	¿Quieres que el sentido pierda?
	Ni yo tuve hijo en mi vida,	2495
	ni supe jamás quien fuera
	aquesa madama Blanca.

| Chichón | Pus será madama negra. |

| Capitán | ¿Qué dices? |

| Chichón | Que esto es forzoso, |
| | si es el primo de Guinea. | 2500 |

Margarita	[Aparte a Francisca.] (¡Ay señora!, que el sobrino se volvió con la veleta.)
Doña Francisca	(Aparte.) (¡Ay de mí!, que el desengaño, cuando es sin remedio, llega.)
Capitán	Luego, ¿ha dicho que es mi hijo?
Viuda	Y con esa fe se hospeda en casa desde que vino.
Capitán	¡Viose mayor desvergüenza! Y ¿dónde está?
Viuda	De aquí ahora se fue.
Capitán	Antes que las espuelas me quite, le he de buscar, y castigar esta ofensa.
Chichón	Pues yo iré con su mercé, que hemos de ajustar la cuenta y me ha de restituir lo que ha mandado en su ausencia como hijo falso.
Capitán	Ven luego y, donde estará, me lleva.
Chichón	Él es quien ha de llevar.

2505

2510

2515

Capitán	Vamos pues.	
Viuda	Hermano, espera.	2520
Capitán	¿Qué dices?	
Viuda	Que hay más empeño.	
Capitán	Calla, no hables si es afrenta, que hasta tomar la venganza, mejor es que no la sepa. Ven, Chichón.	
Chichón	Vamos al punto.	2525
Doña Francisca	¡Tío, señor!	
Chichón	Callen ellas.	
Capitán	Vive Dios, que he de matarle.	
Doña Francisca	¿Hay desdicha como aquesta? Oye antes.	
Capitán	No quiero oírte hasta que este infame muera.	2530

(Vase.)

Doña Francisca	Chichón, repórtale tú.
Viuda	Repórtale si se empeña.
Chichón	¿Soy yo reportorio acaso?

Déjenle matar siquiera.

(Vase.)

Viuda	¡Ay, Frazquita!	
Doña Francisca	¿Qué?, señora.	2535
Viuda	Gran mal habrá si le encuentra.	
Doña Francisca	Eso mismo siento yo.	
Viuda	Más que la tuya es mi pena.	
Doña Francisca	¿Por qué más? Si como a primo le amaba.	
Viuda	Porque yo es fuerza que como amante le llore y como esposo le pierda.	2540

(Vase.)

Doña Francisca	¡Ay, Margarita!	
Margarita	¿Qué dices?	
Doña Francisca	Muerta voy.	
Margarita	Tu mal alienta.	
Doña Francisca	Pues, ¿qué he de hacer?	
Margarita	Consolarte	2545

con lo que a mí me consuela.

Doña Francisca   ¿Qué?

Margarita   Que tu tía, esta noche,
                   no hay razón sino revienta.

Doña Francisca   ¿De qué?

Margarita   De dolor de tripas.

Doña Francisca   ¿Cómo?

Margarita   Echó al marido dellas   2550
                   y se le han llenado de aire.

Doña Francisca   Ven, amiga, que voy muerta.

(Vase.)

(Sale el alférez.)

Alférez   Ya que habemos perdido la posada
                   y en paz quedamos yo y mi camarada
                   por la infausta venida del hermano,   2555
                   que el pájaro nos quita de la mano,
                   del susto y de la pérdida del caso,
                   a hartarme de mentir para despique
                   a las gradas me vengo paso a paso.
                   Y, voto a Dios, que si hallo quien replique   2560
                   a cuchillada alguna,
                   aunque yo diga que la di en la Luna,
                   y del creciente le corté una pieza,
                   se la he de dar a él en la cabeza.

Yo solo he de embestir aquí a un castillo　　2565
y he de ganar el foso y el rastrillo
y, por suponer algo de batalla,
se ha de volar un lienzo de muralla,
que fue a parar, volando, en Alicante
de que se hizo el turrón de allí adelante.　　2570

(Sale Celedón.)

Celedón　　　　　Señores, ¿hay tal tema de hombre osado?
　　　　　　　　¡Jesús, Jesús!

Alférez　　　　　¿Qué es eso, Licenciado?

Celedón　　　　　Usted, señor alférez, me defienda
　　　　　　　　de don Martín, que aún dura la contienda.

(Sale Don Martín.)

Don Martín　　　Ha de salir al campo, por San Pablo.　　2575

Celedón　　　　　Yo no quiero reñir, hombre del diablo.

Don Martín　　　Pues, ¿por qué me compite el galanteo?

Celedón　　　　　Yo no compito, logra tu deseo,
　　　　　　　　que yo diré, ante el Nuncio,
　　　　　　　　que a esa doncella y todas te renuncio,　　2580
　　　　　　　　y a las del fuero real del mismo modo,
　　　　　　　　y a la doncella de labor, y todo.

Don Martín　　　Yo no puedo casarme si no riño.

Alférez　　　　　Dice bien, porque está comprometido.

128

Celedón	¿Qué llama bien?, que perderé el sentido.	2585

Alférez	Oiga, señor letrado,
	el reñir no lo excusa un hombre honrado.
	Si usted no tiene cólera bastante,
	yo un desafío te pondré delante,
	que tuve en Flandes. Mire cómo riño
	y haga cólera usted.

2590

Celedón	Gentil aliño.

Don Martín	Ocho franceses me desafiaron.
	Salí al campo con ellos y chocaron.
	Cercené a uno de un tajo la garganta,
	y la testa saltó con furia tanta,
	que se birló otras cuatro como bolos.
	Murieron cinco, tres quedaron solos;
	y viendo que quedaban en hilera,
	metí una zambullida, de manera
	que a todos tres de sola esta estocada,
	los levanté ensartados en mi espada.
	Viéndome vencedor, mi espada zampo,
	y ochenta dejé muertos en el campo.

2595

2600

Don Martín	Pues si eran ocho, ¿cómo erráis la cuenta?

Alférez	Eso, lo mismo es ocho que ochenta.	2605
	¿No se irrita con esto?	

Celedón	No me irrito,
	señor, que antes me ha puesto tamañito.

Don Martín	Pues habéis de reñir o, por mi fama,

	ir a decir delante de la dama	
	que en mí cedéis, por no reñir su pecho.	2610
Celedón	Y con todas las leyes de derecho.	
Alférez	Eso de miedo hacéis.	
Celedón	Señor, nimirum,	
	qui es metus cadens inconstantem virum.	
Don Martín	Pues conmigo venid, señor alférez.	
	¿Dónde está el capitán?	
Alférez	En casa queda.	2615
(Aparte.)	(Esto es famoso para que no pueda	
	buscarnos el hermano, si yo trazo,	
	que a casa vaya ahora este embarazo.)	
	Ilde a buscar allá y quede ajustado	
	que si él no riñe, vos quedéis casado.	2620
Celedón	Que me dé en el camino no quisiera.	
Don Martín	¡Vamos!	
Celedón	Pues vaya usted por otra acera.	
Don Martín	En vano es su temor.	
Celedón	No muy en vano,	
	que lleva usted la daga muy a mano.	
(Vanse.)		
Alférez	Cielos, la vida nos da	2625

que halle ahora este embarazo
el capitán en su casa,
porque no venga a buscarnos.
Mas, Lisardo viene aquí.

(Sale Lisardo.)

Lisardo   ¡Ay, Aguirre!

Alférez   ¿Qué hay Lisardo?   2630

Lisardo   Muerto vengo, vive Dios.

Alférez   ¿De qué?

Lisardo   De que fui al vicario,
para avisar al fiscal
que suspendiese el asalto,
y ya dicen que ha salido   2635
con ministros y notarios,
y que iba a nuestra posada
a la ejecución del caso.
Yo he andado medio Madrid
y no he podido encontrallos,   2640
con que es forzoso que encuentren
al capitán Maldonado.

Alférez   Pues, ¿de eso venís con susto?
¡Vaya, con todos los diablos,
la soga tras el caldero!   2645

Lisardo   Mas, aguardad, por Dios Santo,
que viene aquí el capitán.

Alférez	¿Qué decís?
Lisardo	Miralde.
Alférez	Malo, Entrémonos en la iglesia.
Lisardo	Decís bien, andad a espacio.

2650

(Sale el capitán y Chichón.)

Chichón	Ellos son, señor.
Capitán	Es cierto, que yo los conozco. ¡Ah, hidalgos!
Lisardo [Al alférez.]	(¡Hola!, nos llaman.)
Alférez	[Aparte a Lisardo.] (A juicio.)
Lisardo [Al alférez.]	(Disimulemos y vamos.)
Capitán	¡Ah, caballeros!, esperen.

2655

Lisardo	¿Quién llama?
Capitán	Yo soy quien llamo.
Lisardo	¿Qué mandáis?
Chichón	Él es quien manda, y aquí mandara hasta el cabo, si muere con testamento.

Lisardo	¡Oh, capitán Maldonado!	2660
	¿Vos sois?	
Alférez	Él es, ¿qué decís?	
	Amigo, dadme los brazos.	
Capitán	No vengo a esto.	
Lisardo	Pues, ¿a qué?	
Capitán	Venid a saberlo al campo.	
Chichón	Sí, que allá sabran que el padre	2665
	se les ha vuelto padrastro.	
Capitán	Chichón, vete.	
Chichón	¿Yo me he de ir?	
Capitán	Sí.	
Chichón	Pues lo que me han mandado,	
	¿quién lo ha de cobrar por mí?	
Capitán	Yo solo quedo a cobrallo.	2670
Chichón	Pues cóbremelo usted todo	
	muy cabal, que allá lo aguardo;	
	y no lo he de recibir	
	si me faltare un ochano.	

(Vase.)

Capitán	Venid, Lisardo.

Lisardo	¿Por qué,	2675
	decid antes que salgamos,	
	me sacáis a la campaña?	
	Pues sabéis que los soldados	
	nunca salimos a hablar,	
	sino a reñir en el campo.	2680

Capitán	Pues ¿cómo vos dudáis eso	
	habiendo en mi casa estado	
	con título de mi hijo;	
	y habiendo, atrevido y falso,	
	contrahéchome la firma,	2685
	para poder hospedaros	
	contra mi honor en mi casa?	
	Mirad si con causa os saco,	
	o si ésta es cosa que puede	
	haber hecho un hombre honrado.	2690

Alférez	En dos puntos habéis puesto	
	el duelo, indignos entrambos:	
	porque si es el hospedaje,	
	no habiendo en eso pasado	
	de socorrernos con él,	2695
	no es cosa para enojaros,	
	sabiendo vos lo que es	
	faltarle a un pobre soldado	
	para poner la piñata.	
	Si el fingirse hijo Lisardo,	2700
	sabiendo vos su nobleza,	
	no resulta en vuestro daño	
	sino en el suyo, pues él	
	hace a su madre el agravio.	

	Luego ese duelo es injusto,	2705
	que vos no habéis de matarnos,	
	porque con vos nos honremos.	
Capitán	Deso no me satisfago,	
	que es hacer burla de mí:	
	y ansí salgamos al campo.	2710
Alférez	Pues yo no le he de dejar.	
Capitán	No importa, venid entrambos.	
Lisardo	Señor capitán, teneos,	
	y escuchadme.	
Capitán	Será en vano.	
Lisardo	Lo primero que aquí os digo,	2715
	es que fui vuestro soldado,	
	y contra mi capitán	
	yo nunca la espada saco.	
	Porque caso que haya duelo	
	que nos obligue a ir al campo,	2720
	antes que reñir con vos,	
	yo, para desenojaros,	
	con mi espada a vuestros pies,	
	pondré el cuello a vuestro brazo.	
	Lo segundo es que, aunque ha dicho	2725
	el alférez de bizarro	
	que a fingirlo nos movió	
	socorro tan necesario,	
	la verdad es que fue amor.	
	Y aunque son yerros entrambos,	2730
	amor o necesidad,	

el de amor es más honrado.
Y, aunque éste más os ofenda,
antes quiero, por mi aplauso,
que enojaros como humilde,   2735
ofenderos como hidalgo.
Vi vuestra hermosa sobrina,
y, hallándome enamorado
y de muchos competido,
porque el logro de su mano   2740
más seguridad tuviese,
fingí.

Capitán   Cesad. Yo, Lisardo,
sé quién sois. Si vos me dais
palabra de dar la mano
a mi sobrina, este duelo   2745
queda con esto ajustado.

Lisardo   Yo os la doy.

Capitán   Y yo os la tomo.
Venid conmigo.

Lisardo   Pues vamos.

Alférez (Aparte.)   (¡Cuerpo de Cristo conmigo!,
no espero ver más que el caldo,   2750
que ha de revolver la tía.)

Lisardo   Mas esperad, Maldonado,
hasta que esto se disponga
por el decoro de entrambos,
vos habéis de confirmar   2755
que sois mi padre.

Capitán	Me allano.
Lisardo	Pues dejadme a mí ir delante.
Capitán	Yo seguiré vuestros pasos.
Alférez (Aparte.)	(¡Vive Cristo, que ha de haber una de todos los diablos!) 2760

(Salen Chichón, la viuda, doña Francisca y Margarita.)

Chichón	Con ellos quedan sus iras.
Viuda	¿Cómo en las gradas están?
Chichón	Claro está, que allí se van a retraer las mentiras.
Doña Francisca	¿Y que han dicho?
Chichón	Se han quedado 2765 muertos, y que está, sospecho, sacándoles ya del pecho todo lo que me han mandado.
Viuda	Pues reñirán, si eso pasa.
Chichón	No tal, porque han de advertir, 2770 que él no tendrá que reñir, si lo riñó todo en casa. El capitán, hecho un suegro, soltó luego la maldita.

Doña Francisca	[A Margarita.]
	(¿Hay tal pena Margarita?) 2775
Margarita	El primo se ha vuelto negro.
Viuda	Lo que les dijo prosigue.
Chichón	El se encasquetó el sombrero
	y le dijo: «¡ah, caballero!»,
	y lo demás que se sigue. 2780
Viuda	¿Qué es lo demás?
Chichón	Embaidores,
	ingratos, perros, malinos,
	embusteros, asesinos,
	alcahuetes y traidores;
	y desto llenas muy bien 2785
	las medidas les dejó.
Doña Francisca	Y él a eso, ¿qué respondió?
Chichón	Por siempre jamás, amén.

(Sale Lisardo y el alférez.)

Lisardo	Cierto que él viene gallardo.
Alférez	Más mozo está cada día. 2790
Viuda	¿Qué es esto, sobrina mía?
Doña Francisca	[A Margarita.]
	(¡Ay, Margarita!, Lisardo.)

Lisardo	¡Oh, tía!
Chichón	Bueno, a fe mía, con lo tía vuelve acá, ¿pus no sabe que ya está 2795 desmancipado de tía?
Viuda	¿No sabes ya lo que pasa? ¿Lisardo, el riesgo no infieres en que estás? ¿O acaso quieres que te maten en mi casa? 2800
Lisardo	¿Quién a mí me ha de matar? Alférez, ¿qué es lo que he oído?
Alférez	Voto a Dios, que no ha nacido quien nos mire sin temblar.
Doña Francisca	Pues ¿cómo tu desvarío 2805 vuelve a buscar la ocasión, cuando sabes que es traición fingirte hijo de mi tío?
Alférez	¿Quién ha sido el charlatán que, del capitán, os dijo 2810 que no es Lisardo su hijo?
Viuda	¿De mi hermano el capitán?
Alférez	Del capitán, vuestro hermano, y el Gran Capitán también.
Viuda	¿El mismo? Si dudáis quién, 2815

que dice que es error vano.

Lisardo	¿Tal dice?

Viuda	Del mismo modo.

Lisardo	El capitán, mi señor,
	no dirá tal, que es error,
	si él me engendró.

Alférez	Y a mí y todo.	2820

Doña Francisca	¿Qué dices? Si aquí mi tío
	niega que ha sido tu padre.

Lisardo	No es eso honrar a mi madre	
	y ha sido gran desvarío,	
	que madama Blanca trai	2825
	su claro origen de Gante,	
	y mi abuelo, Mons de Anglante,	
	fue natural de Cambray,	
	y en Holanda hizo a Lisardo	
	el Conde Curcio una manda.	2830

Chichón	¿Cambray y Gante y Holanda?
	Él desciende de algún fardo.

Viuda	¿Eso Lisardo es ansí?

Chichón	Pues claro está que será,	
	y otro abuelo sacará	2835
	que sea de Caniquí.	

Lisardo	¡Cómo! ¿Hacéis burla de mí?

	Idos noramala vos.	
	Callad, tía, que, por Dios,	
	que me estáis cansando aquí.	2840
Doña Francisca	¿Cómo?, si tus falsos modos	
	claramente aquí se ven.	
Lisardo	Y tú, prima, que también	
	me cansas.	
Viuda	Vámonos todos,	
	si ya en el mundo esto pasa,	2845
	sobrina, déjale ya	
	que esto es: de fuera vendrá	
	quien nos echará de casa.	
Lisardo	Mi padre desengañada	
	os dejará.	
Viuda	Y lo previene.	2850
Margarita	Hele, hele, por do viene	
	el moro por la calzada.	
Lisardo	¡Padre y señor!	
(Sale.)		
Capitán	¡Hijo mío!	
Lisardo	Tampoco tu amor me estima,	
	que a mi tía y a mi prima	2855
	dices tan gran desvarío	
	como que no eres mi padre.	

	Vive Dios, que me he corrido,	
	porque nunca te ha debido	
	desestimación mi madre.	2860
	Y éste es error tan liviano,	
	que a ti el deshonor te adquiere.	

Viuda   Oigan esto, también quiere
               echar de casa a mi hermano.

Doña Francisca [A Margarita.]
               (¿Lo oyes, Margarita mía?   2865
               De contento estoy sin mí.)

Margarita   [A doña Francisca.]
               (Yo me huelgo, porque ansí
               tu tía será más tía.)

Capitán   Hijo, el haberme informado
               que tú en Madrid te casabas,   2870
               que sin mi gusto lo errabas,
               me obligó a haberlo negado.
               Pero ya que falso ha sido
               lo confieso, y te prevengo
               que ya casado te tengo.   2875

Doña Francisca (Aparte.)
               (¡Ay, cielos!, ¿qué es lo que he oído?

Viuda   Y ¿con quién? ¡Válgame Dios!

Capitán   Ya yo hermana lo he dispuesto,
               mas para tratar aquesto
               quedemos solos los dos.   2880
               Retiraos.

Lisardo	Vámonos pues.
Alférez (Aparte.)	(Mas, ¿que lo estorba la tía?)

(Vanse.)

Doña Francisca	[A Margarita.] (Yo he de morir este día.)
Margarita	[A Francisca.] (No hagas tal hasta después.)

(Vanse.)

Chichón
Que sea su hijo, de creello   2885
no acabo, mas él lo dijo.
Yo también me he de hacer hijo
y me he de salir con ello.

(Vase.)

Capitán
Yo, hermana, tengo pensado...

Viuda
Antes que me digas nada,   2890
sabe que yo estoy casada
con Lisardo.

Capitán
¿Qué he escuchado?
¿Con Lisardo?

Viuda
En la afición
son estos yerros dorados.
Ya le he dado mil ducados   2895

143

para la dispensación.

Capitán (Aparte.)	(Cielos, ¿qué es esto que he oído?) Y ¿de concierto ha pasado?

Viuda   Sí, que por eso le he dado
           las licencias de marido,   2900
           y él por eso me atropella.

Capitán   ¿Qué dices? Tu lengua calle.
           ¡Vive Dios, que he de matalle
           o se ha de casar con ella!

Viuda   Que te ha pesado, colijo.   2905
           Señor, por amor lo he errado.

Capitán   ¡Vive Dios, que me ha engañado,
           que este traidor no es mi hijo!

Viuda   Pues ¿por mí quieres negalle?

Capitán   Vete hermana, éntrate allá.   2910

Viuda   Esto es afrentarme ya.

(Vase.)

Capitán   ¡Vive Dios, que he de matalle
           a Lisardo!

(Sale el letrado y don Martín.)

Don Martín   Entrad, que en vano
           habéis querido escapar.

	Aquí habéis de confesar	2915
	que os esperé mano a mano	
	y que no queréis reñir.	
Capitán	¡Ah, señores!, ¿adónde van?	
Don Martín	¿Adónde está el capitán?	
Capitán	Yo soy. ¿Qué queréis decir?	2920
Don Martín	No os busco yo a vos, señor.	
Capitán	Pues ¿a quién? ¿Qué pretendéis?	
Don Martín	A Lisardo.	
Capitán	¿Y qué queréis?	
Celedón	Eso diré yo mejor.	
	Señor, Lisardo, a los dos	2925
	nos halló en casa escondidos,	
	que a poder ser dos maridos,	
	nos casara.	
Capitán	Tened. ¿Vos	
	habláis desta casa?	
Celedón	Sí.	
Capitán	¡Cielos! ¿Qué es esto que pasa?	2930
	¿Escondidos en mi casa?	
	Pues, ¿qué intentábais aquí?	
Don Martín	De doña Francisca, espero	

	ser esposo en este día.	
Celedón	Yo también la quería,	2935
	mas riñendo no la quiero.	
Capitán	¿Cómo riñendo?	
Celedón	Señor,	
	él nos mandó pelear,	
	y dice que la ha de dar	
	al que fuere vencedor.	2940
Capitán	¡Cielos! ¿Cómo este alevoso	
	desta suerte me ha engañado,	
	si tiene esto concertado	
	y hay empeño tan forzoso?	
Don Martín	Llamalde y vea mi valor.	2945
Capitán	Entrad.	
Don Martín	¿Qué queréis hacer?	
Capitán	De aquí no habéis de volver,	
	sin asegurar mi honor.	
Celedón	Detente, hombre temerario.	
	¿También te estás de malicia?	2950

(Sale el fiscal del vicario y notarios.)

Fiscal	Caballeros, la justicia
	viene del señor vicario.

Capitán	¿Qué es lo que miro? ¿Qué quiere el señor vicario aquí?
Fiscal	¿Sois vos desta casa?
Capitán	Sí. 2955
Fiscal	De vuestro modo se infiere, que sois dueño.
Capitán	Sí seré.
Fiscal	Si lo sois, mandad ahora que salga aquí mi señora, doña Francisca.
Capitán	¿Por qué? 2960
Fiscal	Nos mandan depositalla por el capitán Lisardo, que, aunque es tan noble y gallardo, su tía estorba el casalla y, siendo él tan bien nacido, 2965 dársela en paz mejor fuera.
Capitán	Señores, ¿hay tal quimera? Yo he de perder el sentido. Caballeros, esta acción se excuse, que me han hallado 2970 tal, que no miré al sagrado de vuestra veneración.
Fiscal	Eso pretendéis en vano, que es fuerza que la llevemos,

| | que una cédula traemos
firmada aquí de su mano. | 2975 |

| Capitán | ¿Cómo hacéis tal desvarío
si está casado? | |

| Fiscal | Eso allá
el vicario lo verá. | |

(Sale doña Francisca.)

| Doña Francisca | Eso, tío, es falso,
yo soy su esposa.
Mi tía es quien os engaña.
Señor fiscal, vuestro amparo,
pues por mi venís, me valga. | 2980 |

| Capitán | ¡Ah, aleve, injusta sobrina!
Dejadme, que he de matalla. | 2985 |

| Fiscal | Tened, mirad que es perderos. | |

(Salen Lisardo y el alférez.)

| Lisardo | A vuestro lado mi espada
tenéis, capitán. ¿Qué es esto? | |

| Capitán | ¡Ah traidor, tú eres la causa! | 2990 |

| Alférez | Tener de ahí,
que está aquí su camarada. | |

| Don Martín | Teneos, señor capitán. | |

Celedón	Mirad no saquéis la espada, que quedáis excomulgado.	2995

Celedón — Mirad no saquéis la espada,
que quedáis excomulgado.   2995

Capitán — No me estorbéis la venganza.

Celedón — Capite si quis suadente.

Lisardo — Pues, capitán, ¿la palabra
no me cumplís?

Capitán — Traidor, ¿cómo?,
si le debes a mi hermana   3000
el honor.

Lisardo — Jesús, ¿qué dices?

Capitán — Ella de decirlo acaba.

(Sale la viuda.)

Viuda — Yo no he dicho que me debe
a mí más que la palabra
y mil ducados, que he dado   3005
para que las bulas traiga.

Lisardo — Esos he gastado en joyas
para mi esposa.

(Salen Margarita y Chichón.)

Margarita — Estas cajas
son los testigos.

Chichón — Y yo

	de que está entera la cama.	3010
Doña Francisca	Pues si esto es cierto, ¿por qué con Lisardo no me casas?	
Lisardo	Ésta es mi mano.	
Capitán	Detente, que mi honor no se restaura si uno de aquestos dos hombres no se casa con mi hermana.	3015
Don Martín	¿Yo, con viuda? Primero me echaré de una ventana.	
Celedón	Pues yo con ella de miedo me caso.	
Capitán	Solo eso falta. Cecilia, dale la mano, y llevaos vos a mi hermana a vuestra casa, que yo me quiero ir a una posada, porque aquí los dos se queden, y cierto el refrán les salga, de que de fuera vendrá quien nos echará de casa.	3020 3025
Doña Francisca	Pues, Lisardo, ésta es mi mano.	
Lisardo	Y con los brazos y el alma la recibo.	3030
Chichón	Margarita,	

150

pues todos aquí se casan,
dame tu también la mano.

Margarita   Ten, bobo.

Chichón   Pícara, daca.

Alférez   Yo me quedo celibato,   3035
mas, pues para mí no hay nada,
comeré de las tres bodas
más que ellos, aunque se casan,
para que tenga con esto
fin dichoso, si os agrada,   3040
el que de fuera vendrá
quien nos echará de casa.

Fin de la comedia

Libros a la carta

A la carta es un servicio especializado para
empresas,
librerías,
bibliotecas,
editoriales
y centros de enseñanza;
y permite confeccionar libros que, por su formato y concepción, sirven a los propósitos más específicos de estas instituciones.

Las empresas nos encargan ediciones personalizadas para marketing editorial o para regalos institucionales. Y los interesados solicitan, a título personal, ediciones antiguas, o no disponibles en el mercado; y las acompañan con notas y comentarios críticos.

Las ediciones tienen como apoyo un libro de estilo con todo tipo de referencias sobre los criterios de tratamiento tipográfico aplicados a nuestros libros que puede ser consultado en Linkgua-ediciones.com .

Linkgua edita por encargo diferentes versiones de una misma obra con distintos tratamientos ortotipográficos (actualizaciones de carácter divulgativo de un clásico, o versiones estrictamente fieles a la edición original de referencia).

Este servicio de ediciones a la carta le permitirá, si usted se dedica a la enseñanza, tener una forma de hacer pública su interpretación de un texto y, sobre una versión digitalizada «base», usted podrá introducir interpretaciones del texto fuente. Es un tópico que los profesores denuncien en clase los desmanes de una edición, o vayan comentando errores de interpretación de un texto y esta es una solución útil a esa necesidad del mundo académico.

Asimismo publicamos de manera sistemática, en un mismo catálogo, tesis doctorales y actas de congresos académicos, que son distribuidas a través de nuestra Web.

El servicio de «libros a la carta» funciona de dos formas.

1. Tenemos un fondo de libros digitalizados que usted puede personalizar en tiradas de al menos cinco ejemplares. Estas personalizaciones pueden ser de todo tipo: añadir notas de clase para uso de un grupo de estudiantes,

introducir logos corporativos para uso con fines de marketing empresarial, etc. etc.

2. Buscamos libros descatalogados de otras editoriales y los reeditamos en tiradas cortas a petición de un cliente.